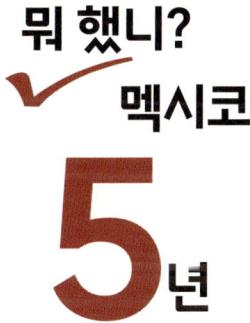

뭐 했니? 멕시코 5년

한류 현장 이야기와 문화예술로 만나는 이베로아메리카 II

이종률·옥정아

한류 현장 이야기와
문화예술로 만나는 이베로아메리카 Ⅱ

뭐 했니? 멕시코 5년

■ 추천사

| 이영열 |
삼호개발(주) 사장, 전 문체부 문화예술정책관

'저기 걸어간다. 한 권의 책이 될 사람!(김천정 작가)'… 이종률, 그가 책으로 돌아왔습니다. 비교불가의 이베로아메리카 전문가로!

학창시절 스페인어문학을 전공하고, 국가 공직자로서 멕시코, 아르헨티나, 스페인에서 문화외교관으로 뛰면서 한 권의 두툼한 책이 되었습니다.

몇 년 전 주스페인 한국문화원장직 지원을 놓고 그가 고민할 때, 저는 문체부 동료로서 이렇게 조언했습니다. "문체부에 갇히지 마라, 대한민국에 갇히지 마라, 당신은 거대한 세계의 인재가 되어라!"… 그로부터 몇 년 후 '이베로아메리카의 최고 전문가'가 되겠다는 학창시절의 꿈을 이루고 우리 앞에 섰습니다.

이 책은 그냥 책상물림의 책이 아닙니다. 생생한 현장이 담겨 있습니다. 그것도 인간 '이종률'이라는 큰 그릇에! 국익이라는 거시적인 시각은 물론 소소한 현장의 민생과 문화까지 농밀하게 엮여 있습니다. 과연 이베로아메리카를 위한 지식과 지혜의 보고입니다.

자, 이제 이종률이라는 거인의 어깨 위에 서서 여행을 떠나 볼까요?

추천사 ■

| 신달자 |
시인, 대한민국예술원 회원

기다리던 책이다.
벌떡 일어서서 박수를 치고 싶은 책이다.
꼭 필요한 책이다.

이종률 원장 부부는 누구보다 할 말이 있는 사람들이다. 15년이나 스페인어권에서 한국 문화를 현장에 생생하게 알린 살아있는 문화외교의 주역이기 때문이다. 멕시코, 아르헨티나, 스페인에서 가깝게 스며들게 감동하게 우리 문화와 예술을 바르게 전달한 문화외교 그 자체였기 때문이다.

이베로아메리카의 관심사를 잘 녹여 쉽게 읽을 수 있게 한 이원장 부부에게 감사드린다. 국가적으로 할 일이었고 공직자로서도 의무를 다한 사뭇 기쁨을 감추지 못하는 한 권의 귀한 책이다.

무엇보다 공감하고 감동할 다양한 경험을 세밀하게 직접 경험같이 읽을 수 있어 생생한 현지인이 되어 보는 느낌마저 든다.

축하드리며 감사의 인사를 드린다.

■ 추천사

| 김춘수 |
화가, 서울대학교 교수

"공무원답지 않다!"라는 표현이 이종률 원장에 대한 내 방식대로의 첫 번째 응원이었다. 이베로아메리카에 한국을 알리고, 조명을 비추는 일이 모든 것에 우선일 만큼 그는 매우 열정적이다. 그의 에스포사(Esposa: 아내)와 함께 그간의 영감을 고스란히 담아 책으로 펴낸다하니 기대하지 않을 수 없다. '산초(Sancho)'의 정신을 가득 품었으리라 믿으며…

| 김태용 |
영화감독, 탕웨이 주연 〈만추〉 등 연출

스페인에서 제가 만난 이종률 원장님의 따뜻한 마음이 글을 통해 독자들에게도 잘 전달되어 우리들의 세상이 더욱 깊어지고 넓어지길 바랍니다. 한류는 결국 사람입니다.

| 윤시중 |

극단 하땅세 예술감독, 한국예술종합학교 교수

우리 공연팀들이 아르헨티나와 스페인에서 이종률 원장님의 도움을 받았다. 온몸으로 뛰고 일하시는 원장님을 만나고서 공연팀의 사기는 몇 배로 오른다. 예술현장과 주변들을 챙기고 사랑하기에 그분이 이끄는 팀인 분들도 항상 감동적인 태도로 공연팀에게 최선을 다하기에 결과물도 훌륭했다. 그토록 궁금했던 이종률 원장님의 순수한 열정이 어디서 나온 것인지가 이 책에서 발견될 것이다.

| 김판석 |

전 인사혁신처장, 연세대학교 교수

이종률 원장은 이베로아메리카 현장에서 오랫동안 활동한 진정한 한류 전도사다. 멕시코 5년, 아르헨티나 7년, 스페인 3년 동안 이베로아메리카 최고의 전문가인 그가 만들고 다져놓은 한국 문화외교의 길이 앞으로 활짝 열리기를 기대한다.

책을 열며

아르헨티나를 다룬 『한류 현장 이야기와 문화예술로 만나는 이베로아메리카Ⅰ』 출간(2021년)에 이어, 멕시코에 대해서 이야기하려니 광주가 먼저 떠오른다.

2002년 6월 빛고을 광주의 월드컵 경기장에서 나의 멕시코행이 결정되었다. 한국과 스페인의 월드컵 8강전이 열리던 곳에서 전반전이 끝나고 휴식시간에 옆자리에 앉아 계시던 당시의 국정홍보처장께서 "이 서기관, 혹시 멕시코에 보내주면 지금 당장에라도 갈 수 있는지?"를 물으셨다. 나는 집사람과 바로 상의해 보겠다고 했다. 아이 학교와 전셋집 등 살펴봐야 할 것들이 있을 것 같았다. 집사람은 나보다 통(?)이 컸다. 몇 가지 어려움이 있기는 하지만, 공직자로서 첫 해외 서비스 기회가 왔으니 일단 나가보자고 했다. 후반전이 끝나고 승부차기에서 한국이 스페인을 꺾고 모두들 승리감에 도취되어 있는 상황에서 처장께 "집

사람이 나가도 된다고 했다."고 말씀드렸다. 처장께서 "하하, 이 사람이 보기와는 다르게 아내에게 꼼짝을 못 하는구먼!" 하시며 너털웃음을 지으셨다.

이후 아르헨티나, 스페인에 근무하게 되지만, 내가 외교관, 즉 우리의 품격 있는 문화를 해외에 알리고 외신들과의 협력을 통해 국가 이미지를 높이는 대사관의 문화홍보 담당 직원으로서 낳은 경험을 하고, 외교부를 비롯한 다양한 부처의 좋은 선배들로부터 가르침을 받은 곳이 바로 멕시코다.

과거 배우 장미희와 임성민이 출연한 〈애니깽(Henequén)〉이라는 영화로 1905년 1,033명의 한인들이 영국계 멕시코인과 일본인 브로커에게 속아서 멕시코 농장의 인부로 팔려갔었다는 내용이 널리 알려졌다. 1903년 미국 하와이로 102명의 한인이 처음 이주한 이후, 두 번째로 이민을 간 곳이 멕시코의 '메리다(Mérida)'라는 도시다. 나의 멕시코 5년 근무기간 중 한인 멕시코 이민 100주년을 맞이한 건 큰 행운이었다. 어찌 보면 "하필이면 왜 이 기간에 근무하게 되었지?"라면서 귀찮아할 수도 있지만, 한편으로 "남들은 100년 후에나 경험해 볼 일을 나는 운 좋게 근무기간 중에 미력이나마 외교관으로서 기여할 수 있게 되어 의미가 있는 것 아닌가?"라는 긍정적인 생각을 가졌었다.

또 좋은 동료 외교관들과 친해질 수 있었고, 지금도 연락하며 교류하는 다른 부처 선배님들도 만날 수 있었다. 휴가 기간에 동료 직원 가족과 한 차에 타고 지방 곳곳을 돌아보며 보고 느끼고 경험하고 할 수 있었던 추억을 가진 곳이 멕시코다.

직장인이라면 누구나 첫 출근 날의 어색한 기억, 첫 해외 출장을 같이 간 선배와 동료, 첫 월급으로 부모님께 드린 선물 등이 오랜 기억으로 남는다. 일반 행정직 공무원에서 외교관으로 변신하여 처음 근무한 멕시코는 나에겐 특별한 의미로 남아 있다. '첫 번째'라는 건 항상 설렘과 오랜 기억을 동반한다.

지난 2022년은 한국과 멕시코가 수교한 지 60주년이 되는 해였다. 주한멕시코대사관에서 주관하는 음악회가 서초동 예술의 전당에서 열렸다. 아르투로 마르케스의 「단손 2번(Danzón No.2)」이 와닿았다. 알고 지내던 많은 지인들이 음악회에 왔다. '이 많은 분들이 어떻게 멕시코와 인연을 쌓았을까?'라는 생각이 들 정도로 정말 다양한 분야의 인사들이었다. 내가 처음 멕시코에 해외 서비스하러 나가던 때와는 너무나 달랐다. 멕시코에서의 한국, 그리고 한국에서의 멕시코 위상이 격세지감 그 자체였다. 물론 브루노 피게로아(Bruno Figueroa) 주한멕시코대사가 남다른 인품으로 주한외교단과 국내인사들로부터 좋은 평가를 받앉고, 게다가 그가 문화전문가라서 기존의 주한멕시코대사보다 더 많은 인적 네트워크가 이루어졌을 것이라는 추측도 해본다.

멕시코나 한국이나 이제 세계 속 위상도 내가 근무할 때와는 판이하게 다르다. 두 나라가 더욱더 친하면 좋겠다. 나의 멕시코 근무는 내가 20여 년간 해외에서 원 없이 활동하는 데 자양분을 쌓은 기간이었다. 30대 후반에서 40대 초반까지 멕시코에 근무하는 동안 멕시코에서만 두 번의 대통령 행사를 준비하고, 나이지리아와 루마니아, 러시아, 미국 등 세계 각국으로 날아가서 대통령의 해외순방에 참여하며 큰 경험과 지혜를 얻기도 했다. 멕시코 근무 기간은 나의 '화양연화'라고 감히 말하고 싶다.

이 책에는 당시 멕시코 한류 현장에서 경험하고 목격했고 수행했던 여러 가지 일들, 해외문화홍보원(KOCIS) 본부나 언론 매체의 요청으로 기고하고 메모했던 내용과 1905년부터 이어진 한국과 멕시코의 인연에 대한 이야기, 그리고 현지 언론에서 다룬 한류 현장 소식을 함께 모았다. 비록 멕시코에서 한류가 본격화되기 전인 과거를 위주로 다루었지만, 앞으로 다양한 콘텐츠를 활용해서 멕시코를 우리의 진정한 친구로 만들려는 문화예술콘텐츠 기획자와 이베로아메리카를 사랑하는 분들에게 K-팝, K-푸드 등 한류를 즐기는 것이 아주 특별한 일이었던 20여 년 전

당시 나의 현장 경험을 소개하는 것도 의미가 있을 것 같아 아내의 멕시코 문화예술 이야기와 함께 기록해 본다.

멕시코 근무 중에 대통령 해외순방 행사를 담당하라는 갑작스러운 본부의 명령으로 말라리아 예방약도 구하지 못하고, 걱정 속에 나이지리아행 비행기에 몸을 실었던 순간, 한미 FTA 때문에 괜히 멕시코가 고생(?) 한다고 본부의 동료들에게 불평하던 날들이 떠오른다. 또 마치 내가 한국 연예계에 가장 정통한 최고의 전문가인 것처럼 장동건, 안재욱, 최진실 등 한국 스타들의 일거수일투족을 멕시코 젊은이들에게 설명하던 20년 전 나의 모습도 아련하게 지나간다.

스페인어를 모국어로 쓰는 나라 중에서 인구가 가장 많은 국가가 멕시코다. 동남아 여러 나라를 제외하고 지구상에서 한류가 가장 활성화될 가능성이 높은 나라가 바로 멕시코이기도 하다.

2023년 9월
서울과 세종을 오가며
이종률

뭐 했니?
멕시코
5년

차례

1 이베로아메리카 문화외교 현장에서 가졌던 단상 (18)

2 스페인어를 모국어로 쓰는 나라 중에서 인구가 가장 많은 멕시코 (26)

   1. 문화외교 측면에서 살펴보는 한국과 멕시코 ·········· 26p
   2. 멕시코 언론이 바라보는 한류 ·········· 32p

3 한류 현장 이야기 (42)

   1. 중남미 최초의 한류 팬클럽이 탄생하기까지 ·········· 42p
      | 끼어들기 | - K-팝 덕분에 마약과 범죄에서 멀어지는 젊은이들 ·········· 54p
   2. 한국 대통령과 멕시코 한류 팬클럽 시위대의 이색적인 만남 ·········· 57p
   3. 한-멕시코 우정의 상징, 찰코 '소녀들의 집' ·········· 64p
      | 끼어들기 | - 멕시코 한인 수녀님 덕분에 어깨 좀 펴고 삽니다. 진짜로! ·········· 70p
   4. 멕시코 대선, '나프타(NAFTA)'가 '나쁘다'? ·········· 74p
      | 끼어들기 | - 한미 FTA로 두 번씩이나 억울했던 멕시코 ·········· 83p
   5. 37년만의 차풀테펙 공원의 한국 정자 보수 ·········· 88p
      | 끼어들기 | - 멕시코 지식인이 재해석한 '1492년 10월 12일' ·········· 96p
   6. '다이내믹 코리아 캬라반'의 15박 16일 대장정 ·········· 98p
      | 끼어들기 | - 문화세일즈 외교의 상징, 소피 마르소 ·········· 107p
   7. 멕시코와 쿠바의 한인 이민사 ·········· 109p
      | 끼어들기 | - 에네켄 후손을 통해 확인한 '문화란… 바로 음식이야!' ·········· 113p
   8. 피델 카스트로 혁명 동지, 에네켄 후손 임은조 선생 ·········· 116p
   9. 멕시코에서 유럽과 아프리카까지: 동에 번쩍, 서에 번쩍 ·········· 122p
      | 끼어들기 | - 힘들었지만 큰 보람… This is Nigeria ·········· 132p
   10. 2018 러시아 월드컵으로 더욱 가까워진 한국과 멕시코 ·········· 139p
      | 끼어들기 | - 미안합니다… 새로 도전해 갑시다! ·········· 141p

4 문화예술로 만나는 멕시코 (148)

1. 지진과 함께 ·· 148p
2. 영원히 잊혀진다는 것은… ······························· 164p
3. 아즈텍 제국은 왜 그리 쉽게 무너졌나? ············ 174p
4. 미국의 미술 패권에 볍씨를 뿌리게 된 시케이로스 ···· 189p
5. 사다리 오르기 ··· 229p
6. 타코, 나의 솔푸드 ·· 253p
7. 발가벗겨지며 ·· 261p

부록

- 1. 멕시코 한류 팬클럽 대상 한국 국가 이미지 여론조사 결과 분석 ········ 286p
- 2. 중남미 최초의 한류 팬클럽 회장이 보는 한류의 매력 ········ 290p
- 3. 멕시코 찰코 '소녀들의 집' 원장 수녀님의 연말카드 ········ 295p
- 4. 최초의 청와대 여성 춘추관장 저서에 기술된 내용 ········ 297p
- 5. 대통령 순방행사 지원요원으로 활동한 NYU 학생의 편지 ········ 300p

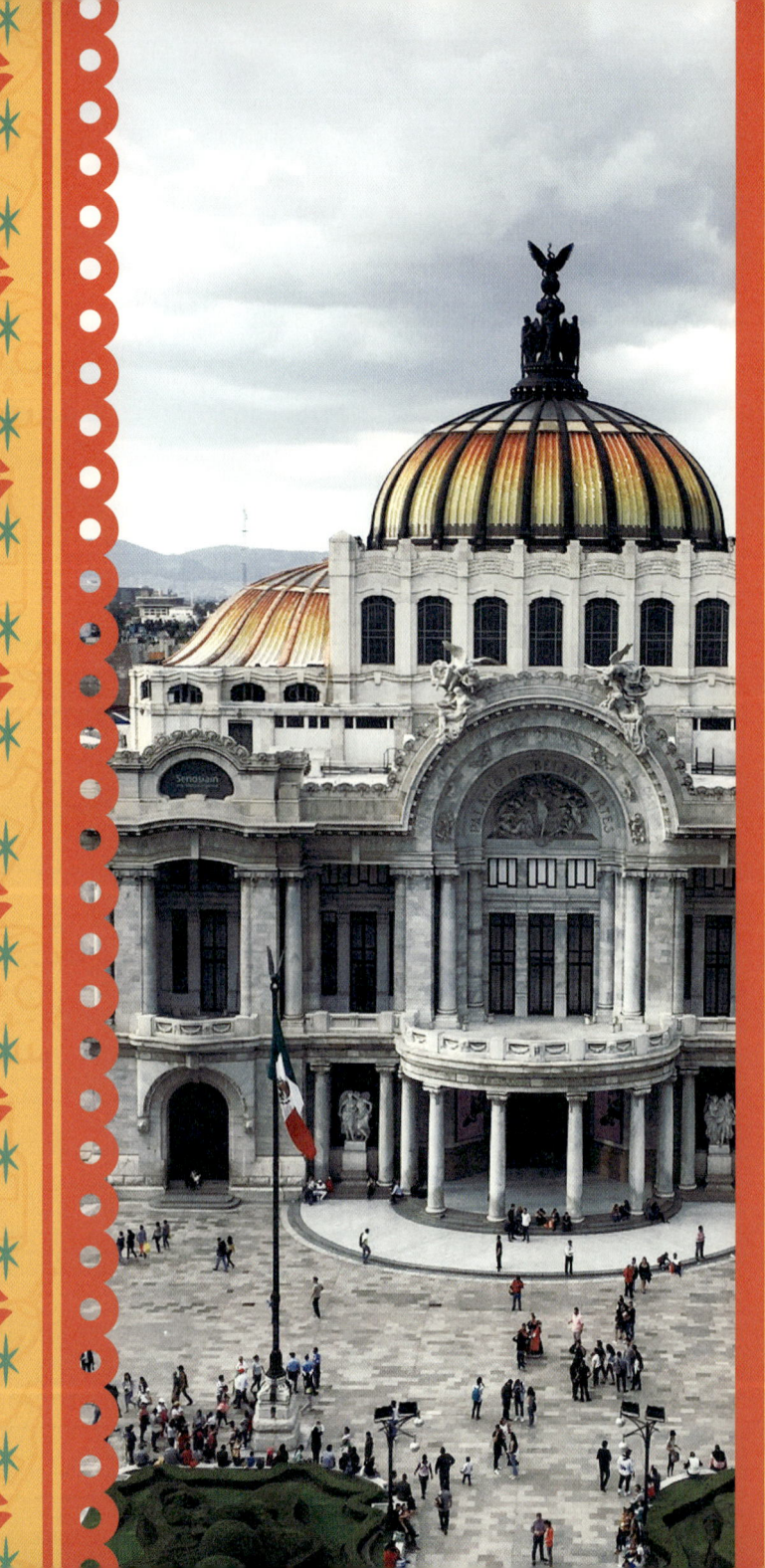

1

이베로아메리카
문화외교 현장에서 가졌던 단상

뭐 했니? 멕시코 5년
한류 현장 이야기와 문화예술로 만나는 이베로아메리카 II

1

이베로아메리카
문화외교 현장에서
가졌던 단상

    이베로아메리카를 대표하는 멕시코, 아르헨티나, 스페인에서 일본과 중국을 접하는 것은 어렵지 않다. 특히 일본의 경우, 70-80년대 소니 등 전자제품, 90년대 토요타를 비롯한 자동차가 일본을 상징하기도 했다. 최근 들어 전자제품 분야에선 한국의 삼성이나 LG에 밀려난 상태이지만, 자동차를 비롯한 정밀기계 등 제조업 분야에선 여전히 독일과 함께 세계 최강으로 평가받는다.

    스페인을 비롯한 이베로아메리카 국가에서는 동양인들, 특히 생김새가 비슷한 중국인, 일본인, 한국인을 쉽게 구분하지 못한다. 현지인들이 뭔가 좋은 이미지를 가진 동양인에게는 하포네스(japonés: 일본인)라고 부르고, 뭔가 좋지 않은 이미지를 가진 동양인에게는 치노(chino: 중국인)라고 부르는 경우가 많다. 일본인도, 중국인도 아닌 한국인이 하포네스 또는 치노라고 불리면, "나는 한국인인데…"라는 억울한 생각이 드는데, 이런 경우가 이베로아메리카 국가에서 자주 생기곤 한다.

한국은 일제 강점기, 6·25 동란 등 어려운 시기를 거치면서 먹고살기에 바빴다. 잘 먹고 잘 사는 것이 첫 번째 목표였다. 1961년 한국의 1인당 국민소득이 아프리카의 가나보다 낫았다. 하지만 60년대부터 80년대까지 약 30년 동안 압축성장을 통해 단기간에 세계가 놀라는 경제발전을 이룬 국가가 되었다.

이러한 산업화에 이어 1993년 문민정부 출범으로 민주화까지 이루며, 한국은 2차 대전 후 독립한 국가들 중에서 가장 짧은 기간에 민주화와 산업화를 함께 이룬 국가라는 칭찬을 들었다.

한국의 긍정적인 모습은 라틴아메리카 국가들에서 "한국을 배우자!"라는 내용으로 현지 언론에서 자주 언급이 된다. 주로 인쇄매체를 통해서다. 현지의 지식층들이 신문의 칼럼을 통해 한국의 예를 자주 인용하기 때문이다. 따라서 신문을 구독할 여력이 되는 현지인들은 이러한 한국의 경우를 잘 안다. 하지만 가격이 저렴하지 않은 신문을 구입할 수 없는 나머지 대부분의 현지인들은 한국에 대해 제대로 알기가 어렵다.

멕시코나 아르헨티나의 경우에는 비싼 가격의 신문을 구입하느니, 차라리 그 비용으로 타코(Taco) 또는 엠파나다(Empanada)를 사 먹는 것이 훨씬 효용가치가 크다. 그래서 신문을 구독하지 않는 대부분의 중류층과 하류층들은 한국에 대한 뉴스를 접할 기회가 적고, 별도의 비용을 지불할 필요가 없는 방송을 통해 한국을 접하고 있다.

하지만, 화면 영상이 중요한 방송의 경우에는 긍정적인 뉴스보다는 시청률을 높일 수 있는 주로 한국의 부정적인 모습, 센세이셔널한 보도 아이템이 방영되는 빈도가 훨씬 높다.

그래서 신문을 구독할 수 있는 일부 상류층들과 달리 주로 방송 뉴스를 통해 한국을 접하는 대다수 일반 대중들은 한국에 대한 긍정적인 이미지보다는 부정적인 이미지를 가지는 경우가 더 많다. 그렇지 않으면 그나마 방송에서도 한국에 대한 뉴스가 자주 보도되지는 않으니까, 아예 한국에 대해 전혀 모르는 경우도 적지 않다.

이러한 상황에서 처음으로 이베로아메리카의 일반 대중을 중심으로 한국과 한국 문화에 대해 관심을 갖게 만든 매개체가 바로 한국 드라마와 K-팝으로 대표되는 한류다. 처음에는 영화, 방송 콘텐츠, 대중음악, 게임 등 대중문화의 해외 유통과 소비가 위주였지만, 점차 패션, 음식, 한글 등 보다 폭넓은 한국 문화가 해외로 확산되고 있고, 심지어 대중문화의 수용 차원을 넘어 한국의 가수·영화배우·탤런트, 나아가 한국인과 한국 자체에 무한한 애정을 느껴서 한국어를 익히거나 한국 제품을 구매하고 싶어 하고, 무작정 한국에서 살려고 비행기를 타는 외국의 젊은이들까지 생겨나고 있다.

한류는 1990년대 중반 중국과 일본 사람들이 한국 드라마를 좋아하면서 시작되었고, 2000년대에 들어 K-팝으로 아메리카와 유럽, 중남미 등 전 세계로 확산된 문화현상이다. 한국과 지리상으로 거리가 멀고, 축구를 좋아하는 라틴아메리카의 경우는 2002년 한일 월드컵 직후에 한국 드라마가 처음으로 알려지기 시작했고, 2010년대부터 유튜브, 트위터, 페이스북 등 SNS를 통해 K-팝이 급속히 확산되면서 한국에 대한 라틴아메리카 국민들의 호기심이 발동하게 된 것이다.

과거 실크로드(Ruta de la Seda)로 동양과 서양이 만났다면, 지금은 SNS라는 디지털로드(Camino Digital)가 시간적, 공간적 차이를 극복하고 한국과 이베로아메리카가 서로 소통하는데 큰 역할을 하고 있다.

2010년 즈음에는 이베로아메리카 국가에서 학문을 통해 한국을 알리는 한국학 전공자들 중 일부가 한류를 "한때 큰 인기를 끈 일본이나 홍콩의 대중문화가 급속히 추락한 것처럼 오래 가지 못하는 일시적인 현상이 될 것"이라고 폄훼하고, 한류의 영향력을 과소평가하며 "금방 사라져버릴 신기루 같은 한류에 투자할 시간과 예산을 한국학의 진흥에 쏟아야 한다."고 주장하기도 했다.

하지만, 한국 드라마와 K-팝으로 대표되는 한국의 대중문화인 한류가 이제는 세계인들이 감동하는 차원이 아니라, 한국 자체를 부러워하고 배움의 대상, 연구의 대상이 되고 있다. 그러자 과거 한류를 무시했던 일부 한국학 전공자들은 마치 예전부터 자신이 한류 전문가였던 것처럼 행세하며, 국제학회에 참석해서 한류 관련 논문을 발표하고, 언론에 한류 관련 칼럼을 기고하는 등 변해버린 시류에 재빨리 동참하는 모습을 보여주기도 한다.

사회문화적인 차이와 지리적 원거리에도 불구하고 멕시코, 아르헨티나, 스페인으로 대표되는 이베로아메리카 주요 3개국의 일반 대중들이 처음으로 한국과 한국 문화에 관심을 가지도록 만든 요인이 다름 아닌 한국 드라마와 K-팝이다.

이베로아메리카의 일반 대중들에게 한국과 한국 문화에 대해 처음으로 관심을 가지도록 만든 점이 개인적으로 한류의 대표적인 성과라고 주장하고 싶다.

한국 드라마와 K-팝을 좋아하는 이베로아메리카의 청소년들이 K-팝 가사의 의미를 제대로 알고 싶어서 한국어 강좌를 듣고, 한국 드라마에 소개되는 한국 음식을 직접 만들어 먹고 싶어 한국 요리를 배우고, 한국 K-팝 아이돌 스타와 한국 드라마의 주인공처럼 깨끗한 피부를 가지고 싶어 한국 화장품을 구입하고, 종국적으로 한국과 한국 문화에 대해 더 자세히 알고 싶어서 한국을 방문하는 경우를 주위에서 자주 보고, 들었다.

한류의 대표 장르인 대중예술뿐 아니라, 클래식 음악, 무용, 연극, 문학, 미술 등 순수예술 분야에도 무궁무진한 자랑거리를 우리는 많이 보유하고 있다. 나는 지금까지 우리의 재능 있는 예술가와 우수한 문화산업이 해외에서 제대로 대접받을 수 있도록 잘 포장해서 소개하는 복덕방 주인 역할을 했다.

사무실 책상에 앉아서 일하기보다는, 모험심과 서비스 정신, 그리고 사업가 정신까지 가지고, 궁금한 일이 생기면 먼저 찾아가고, 상대방이 필요로 하는 것을 알아내고, 무엇을 해드리겠다고 제안하고, 기꺼이 심부름꾼이 되고 싶다고 이야기했다. 넓게는 전 세계를 대상으로, 좁게는 이베로아메리카에서만이라도 우리 예술가가 제대로 대접받고 우리의 문화산업이 국제화되는데 기여하는 문화예술콘텐츠 기획자(Developer)로서 일했다.

스페인의 대중음악 전문 매체에서 한류를 소개하며 "K-팝은 전 세계에서 가장 중요한 음악 장르의 하나로 성장해서 지구촌 사람들이 한국 문화에 가까이 다가갈 수 있도록 하는 역할을 하고 있다."고 평가한다. "K-팝 팬들이 미국 트럼프 대통령의 오클라호마 털사(Tulsa) 유세장을 무산시킬 목적으로 가짜로 대규모 참가 신청을 했다."는 내용을 아르헨티나와 멕시코의 유력 언론들이 국제면에서 비중 있게 보도할 정도로 한류의 위상이 높아졌다. 우리의 문화는 단지 외국인들이 그것을 즐기는 것에서 끝나지 않고, 우리나라 국가 이미지를 만든다.

개인적으로 일본과 중국, 아시아권 국가를 제외하면 이베로아메리카 권역 국가들과 미국 내 6천만 히스패닉 커뮤니티에서 한류가 가장 크게 확산될 수 있다고 믿는다.

이베로아메리카에서 문화외교의 날개를 달고 두둥실 춤을 추는 후배 문화예술콘텐츠 기획자들이 점점 늘어나는 그날을 상상해 본다.

2

스페인어를 모국어로 쓰는 나라 중에서 인구가 가장 많은 멕시코

뭐 했니? 멕시코 5년
한류 현장 이야기와 문화예술로 만나는 이베로아메리카 II

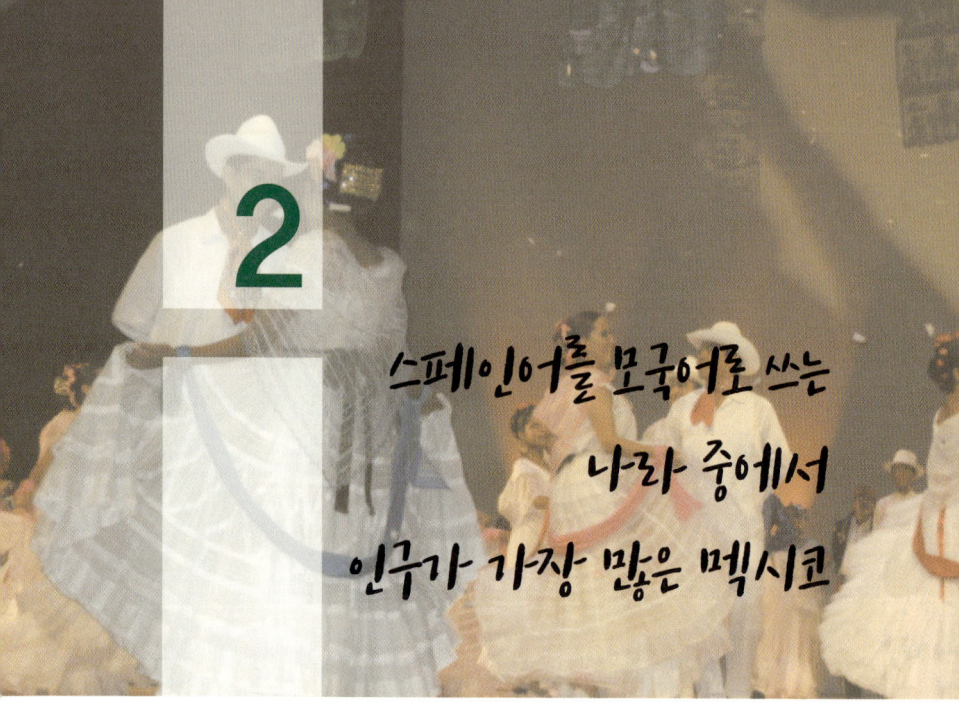

2

스페인어를 모국어로 쓰는 나라 중에서 인구가 가장 많은 멕시코

1. 문화외교 측면에서 살펴보는 한국과 멕시코

멕시코는 라틴아메리카 국가 중 한국과 가장 먼저 인연을 맺었던 국가다. 1,033명의 한국인이 1905년에 멕시코 유카탄반도의 에네켄 농장으로 이민을 가면서부터 시작되었다. 하지만 아쉽게도 멕시코 한인 이민은 일회성으로 끝나고 말았고, 이후 1910년 일본의 한국 식민지화, 1950년의 한국전쟁 등으로 한국인들이 멕시코 한인 후손들을 생각하고 배려할 여력이 없어서, 그 후손들은 1988년 서울 올림픽이 열릴 때까지 한국인들에게는 잊혀진 존재였다.

멕시코의 한인 후손들이 참가한 코앗사코알코스 다이내믹 코리아 행사, 2005

    오랜 기간 동안 한국 사람들은 멕시코에 대해 군사 쿠데타, 독재, 빈부격차, 인권유린, 외채, 저개발, 그리고 무기력하고 무능력하며, 신뢰성이 없다는 인상을 가지고 있었다. 특히, 후진적인 경제 위기의 전형적인 모델을 멕시코를 통해 설명하려는 한국 사람들에게 멕시코에 관한 인식은 매우 피상적이고 단편적이었다. 이러한 부정적인 멕시코의 이미지를 형성하게 한 큰 원인 중의 하나가 한국에서 인기를 얻었던 미국산 할리우드 영화에서 멕시코와 멕시코 사람들을 부정적인 이미지로 투영한 결과라는 것도 무시할 수 없다.

멕시코에 거주하는 한국 사람을 보는 멕시코 사람들의 시각 또한 과거에는 그리 곱지 않았다. 멕시코 내에서 일본 사람들은 현지화에 성공해 멕시코 사람들과 삶을 공유하고 있는 반면, 한국 사람들은 '잠시 머물며 자신의 이익을 챙기다가 기회만 되면 미국으로 넘어가려는 민족'으로 인식되고 있었다. 한국에 대해서도 민주국가로 자리 잡는 과정에서 빚어진 정치 혼란과 사회·계층적 갈등, 과격한 시위 장면 등이 텔레비전 뉴스에 자주 등장함으로써 사회적으로 무척 혼란스러운 국가라는 편견을 지니고 있었다. 일부에서는 한국을 중국이나 일본의 일부로 오해하는 경우도 있었다. 이러한 사례들은 여전히 한국과 멕시코가 서로에 대해서 제대로 이해하지 못하고 있었다는 반증이다.

하지만 2002년 한일 월드컵을 계기로 멕시코 사람들의 한국에 대한 관심이 증가하기 시작했고, 때마침 한국 드라마를 현지 방송에서 처음으로 방영하면서 멕시코 젊은이들을 중심으로 일본과 중국만이 아닌 새롭게 관심을 받는 국가로 한국이 부각되기 시작했다.

특히 이베로아메리카에서 제일 처음 결성되었던 멕시코의 한류 팬클럽은 2023년 현재 170여 개로 추산되며, 200여만 명 이상의 회원들이 활동하는 것으로 알려져 있다. 지난 2017년 7월

서울과 멕시코시티 사이에 멕시코 항공사에서 운영하는 직항노선이 개설되면서 양국은 더욱 가까운 나라가 되었다.

1억 2,900만 명의 인구를 가진 멕시코와 한국의 무역규모는 2021년 기준 269억 불(주멕시코 한국대사관 통계)에 이르고 있는데, 이는 브라질, 칠레, 페루, 콜롬비아 전체와 한국의 교역량을 합친 것과 비슷한 규모다. 멕시코의 입장에서 보면 미국, 중국, 독일, 캐나다 다음의 다섯 번째 교역국가가 바로 한국이다. 한국과 멕시코는 경제 분야에서 많은 협력을 하고 있으며, 삼성, LG, 현대기아 자동차 등 멕시코에 진출해 있는 420여 개의 한국 기업도 멕시코 사람들에게 한국에 대한 관심을 높이는 매개체 역할을 한다.

한편, 지난 2018 러시아 월드컵에서는 같은 조에 편성되었던 한국-멕시코-독일-스웨덴의 조별 리그 마지막 경기에서 한국이 강호 독일을 이겼던 6월 27일, 멕시코는 한국 사랑으로 넘쳐났다. 비록 멕시코가 스웨덴에 패했지만, 한국이 독일을 이긴 덕분에 멕시코가 16강에 진출하게 되자 멕시코 전체가 들썩인 것이다. 주멕시코 한국대사관에 수천 명의 멕시코 응원단이 몰려가 "한국 형제들, 당신들은 이미 멕시코 사람들이다(Coreano, Hermano, ya eres mexicano)."라고 외치며 감사 인사를 전했다.

멕시코에서는 세르반티노 축제(Festival Internacional Cervantino)를 잘 활용해서 멕시코뿐 아니라 중남미 전체를 대상으로 한국 문화예술을 알리는 기회로 활용해야 한다. 세계 4위 규모의 국제 축제로 음악, 연극, 영화, 무용과 관련된 세미나, 워크숍, 회의 등에 대다수 라틴아메리카 예술가들이 참가하는 세르반티노 축제에서 이들 문화예술 종사자들과 긴밀한 인적 네트워크를 구축하는 것이 필요하다.

대사관저에서 딸아이가 깨는 '피냐타(Piñata)' 놀이를 바라보는 찰코 '소녀들의 집' 정말지 수녀, 2006

2022년 세르반티노 축제 주빈국으로 우리나라가 소프라노 조수미, 박혜상과 퓨전 국악밴드 고래야, 현대무용팀 LDP 등 13개 분야에서 100여 명의 아티스트와 함께 참가했다. 그러나 그것으로 그치면 안 되고 향후 3~4년간 세르반티노 축제에 대규모 공연단을 계속 파견하는 등 지속적으로 공을 들여야 한다.

 이와 병행해서 중남미 최대 규모를 자랑하는 멕시코 한류 팬클럽 회원들과 함께 K-팝과 한식 등 한류와 연계한 다양한 프로젝트를 추진하는 것도 자연스럽게 한국 문화를 전파할 수 있는 최적의 문화외교가 될 수 있다. 치아파스, 오아하카 등 지방정부에서 운영하는 공영방송을 활용해서 우리의 드라마뿐 아니라, 아리랑 방송 등에서 제작한 한의학 등 멕시코 사람들이 신기해하고 관심을 가질만한 프로그램을 발굴해서 방영하는 것도 좋겠다.

2. 멕시코 언론이 바라보는 한류

멕시코 사람들이 한국에 대해 본격적으로 관심을 갖기 시작한 시점은 멕시코 공영방송 메히켄세(Mexiquense CH34)를 통해 2002년 10월 〈별은 내 가슴에〉와 〈이브의 모든 것〉 등 2편의 한국 드라마가 방영되면서부터다.

나는 당시 국내 언론과의 인터뷰에서 "한국 드라마가 방송되고 나서 한류 팬클럽이 조직되었다. 재방송을 거듭하면서 이제는 공식적인 한류 팬클럽 4개에서만 10대 학생부터 30대 이상의 전문직 종사자들까지 2천여 명이 훨씬 넘는 멕시코 사람들이 활동하고 있다."고 소개하고, 한국 드라마의 인기에 대해서 "멕시코 사람들이 춤과 노래를 좋아하고, 감성적인 측면이 강하다는 점에서 한국인과의 정서 공유가 가능하다. 또 가족 간의 사랑과 친구들과의 우정을 다루고, 특히 멕시코 드라마나 할리우드 영화와는 다르게 선정적인 사랑을 표현하지 않은 것이 멕시코 사람들이 말하는 한국 드라마의 장점이다."라고 설명했다.

한국 드라마가 메히켄세 방송을 통해 방영되었던 처음에는 대다수의 멕시코 사람들이 한국인과 외모가 비슷하게 생긴 중국 또는 일본에서 제작한 드라마라고 착각했다. 하지만 프로그램

엔딩 크레딧에 '한국대사관에서 제공했다.'는 별도의 안내 문구를 추가로 삽입한 후에 한국에서 제작했다는 것을 알게 되었다.

한국 드라마로 인해서 멕시코 사람들은 "한국이 도대체 어떤 나라인데 이렇게 드라마를 잘 만들고, 또 여자나 남자나 할 것 없이 하나같이 주인공들은 잘 생기고 이쁠까?"라는 궁금증을 가지게 되었다. 이들 중에서 열성적인 멕시코 사람들은 한국 드라마 OST를 구하기 위해서 한국대사관과 접촉하고, 인터넷을 통해 한국에 대해 더 많이 알게 되면서 한국과 한국인의 매력에 푹 빠지게 되었다.

멕시코는 2002년 한국 드라마가 방영된 이후, 중남미 최초로 한류 팬클럽이 만들어졌고, 1905년 한국인이 처음으로 이주한 이래, 그 후손들 45,000여 명이 멕시코 각 지역, 각 분야에서 존재감을 드

멕시코 한류 팬클럽을 소개하는 현지언론, 2004

러내며 생활하고 있다.

이러한 연유로 멕시코 언론은 이베로아메리카 어느 나라보다 '한류'에 대해 큰 관심을 가지고 보도한다. 엘 우니베르살(El Universal), 레포르마(Reforma), 라 호르나다(La Jornada), 밀레니오(Milenio), 엑셀시오르(Excélsior), 엘 솔 데 메히코(El Sol de México) 등 멕시코의 주류 언론들이 2017년부터 2019년까지 보도한 '한류' 관련 기사들 중에서 중요한 내용은 다음과 같다.

1) 2018년 한 해 동안 멕시코 트위터 이용자들이 가장 많이 사용한 해시태그 상위 10위 순위에서 1위는 BTS로, 2위를 차지한 당시 멕시코 대통령 당선인 안드레스 마누엘 로페스 오브라도르(Andrés Manuel López Obrador) 보다 순위가 높다. 5위는 EXO, 7위는 BTS 멤버인 지민(Jimin)이다. 이 정도로 멕시코 내에서는 K-팝의 영향력이 막대하다고 할 수 있다.

따라서 BTS, 슈퍼주니어, GOT7, 트와이스, 블랙핑크 등 K-팝 공연 관련 소식이 '한류' 관련 뉴스 중에서 가장 중요한 비중을 차지한다. 스페인, 아르헨티나 등 이베로아메리카 국가 중에서 K-팝 관련 뉴스가 가장 활발하게 전해지고, 2012년 '강남 스타일'로 큰 인기를 얻었으나, 다른 국가들에서는 다소 시들한 '싸이'에 대해서도 지속적으로 보도

하고 있다.

K-팝의 긍정적 효과와 부정적인 측면도 자세히 소개하고, K-팝 아이돌 그룹과 멕시코 현지 음악 그룹과의 콜라보 내용도 비중 있게 취급한다.

2) 현지 언론은 BTS에 대해 멕시코 사람들에게 한국에 대한 관심을 가지게 만드는 자석 역할을 하는 것으로 평가하며, BTS가 유튜브 24시간 내 최대 조회수를 기록하고, 2018년 빌보드 차트 200에서 1위를 차지한 사실을 상세히 소개하면서, BTS의 전 세계적인 인기 비결 등도 분석한다.

3) K-팝 향유자들로 인해 K-뷰티에 친화적인 멕시코 사람들이 많은 만큼, 한국의 다양한 화장품에 대한 내용도 자주 다룬다.

4) 스페인, 아르헨티나와는 달리 한국 드라마가 2000년대 초반에 K-팝보다 먼저 소개된 만큼, 멕시코 방송에서 한국 드라마를 리메이크한 경우와 한국 드라마에 소개된 한복 등 한국 드라마를 테마로 하는 보도가 많으며, 한국 드라마가 멕시코 사람들에게 한국 문화에 대해 관심을 가지

게 만드는 파일럿(Pilot) 역할을 했다고 평가한다.

5) 〈기생충〉으로 2019년 칸 국제영화제에서 황금 종려상(Palma de Oro)을 수상한 봉준호 감독의 과거 작품 〈옥자〉에 대해 다수의 멕시코 언론매체가 관심을 가지고 보도하는 등 한국 영화에 대한 비평 기사가 상당히 많다.

6) 맨부커 상(2016)을 수상한 작가 한강의 소설과 시뿐만 아니라, 조선시대 시조 등 한국문학에 대해서도 관심있게 보도한다.

7) 2018년 러시아 월드컵 당시 같은 조에 편성되었던 한국과 멕시코의 인연을 계기로, 한국을 아주 가까운 친구의 나라로 소개하며, 한국 드라마와 K-팝, 한국 음식에 대한 호의적인 보도가 쏟아졌다. 특히 그 기간 중에 K-팝 그룹의 동영상 재생률이 78% 증가하고, 2012년 인기를 얻었던 싸이의 '강남 스타일' 재생률이 2,190% 증가한 것으로 나타난다.

8) 한국 음식의 건강성과 멕시코 내 한국 식당 등에 대해서도 특집으로 다루면서 큰 관심을 보여준다. 특히 일간《엘 우니베르살(El Universal)》이 같은 언어권인 스페인의 한국

문화원에서 진행한 한국 음식 이벤트까지 소개한 사실은 이채롭다.

9) 멕시코를 가장 많이 방문하고, 멕시코 음악 그룹과 콜라보도 진행한 적이 있는 슈퍼주니어에 대한 호의적인 보도가 유난히 많다. 슈퍼주니어의 음악과 활동은 전 세계에 한국을 소개하는 것으로 받아들여질 만큼 한국의 이미지를 제고하는 대표 한류 스타 그룹이라고 멕시코인들은 평가하고 있다.

멕시코 언론에서의 '한류' 관련 뉴스는 가히 폭발적이다. 이 중에서 K-팝과 한국 드라마, 한국 영화에 대한 보도가 가장 빈번하게 이루어지며, 심층적으로 다루어진다. 당분간은 이러한 3가지 장르를 잘 활용하여 멕시코 사람들이 한국에 대해 보다 많은 관심을 가질 수 있는 분위기를 조성해야 한다. 멕시코 사람들의 한국 대중문화에 대한 관심이 한국 전통음악과 무용, 현대무용, 문학, 연극, 패션 등 다양한 분야로 확산될 수 있는 마중물이 되고 있다.

멕시코 언론 보도를 살펴보면, 멕시코에서 K-팝의 경우는 이제는 하위문화(subculture)에서 주류 문화로 확산되는 문턱에 있는 것으로 판단된다. 멕시코 K-팝 팬클럽의 규모, 적극성과 충성도(loyalty)는 이베로아메리카 국가뿐 아니라 전 세계적으로 최고 수준이다. K-팝을 통해 한국과 한국 문화에 친숙해진 멕시코 젊은이들의 관심을 지속적으로 유도하는 노력이 필요하다. 이들 젊은이들이 앞으로 10년, 20년 후에는 멕시코를 이끌어가는 핵심 세대가 될 것이고, 이들의 한국에 대한 친밀감이 한-멕시코 관계를 한 단계 높이는 데 도움을 줄 것이기 때문이다.

미국에 거주하는 6천만여 명 이상의 히스패닉 커뮤니티에서 가장 큰 규모인 멕시코 이민자들의 '한류'에 대한 관심도 멕시코로 다시 유입될 수 있다는 것을 고려해야 한다. 멕시코와 국경을 맞대고 있는 미국에 거주하는 멕시코 이민자들은 본국의 가족, 친척들과 긴밀한 관계를 유지하고 있다. 미국 캘리포니아, 텍사스 등 멕시코 이민자들이 많이 거주하는 지역의 히스패닉 언론사를 대상으로 하는 한류 확산 전략도 필요하다. 반대로 멕시코에서의 한류에 대한 좋은 반응은 미국 내 히스패닉 커뮤니티에 후광효과로 작용할 수 있다.

멕시코 언론 보도에 따르면 텔레비사(Televisa), TV 아스테카(TV Azteca) 등 지상파 방송들은 한국 드라마를 그대로 방영하는 방식이 아니라 주로 포맷을 리메이크하는 방식으로 소개한다. 따라서 원본 그대로의 한국 드라마를 소개하는 플랫폼으로

OTT 또는 IPTV를 집중 공략하는 방안도 마련해야 한다.

멕시코에서는 젊은이들이 K-팝으로 인해 한국과 한국 문화에 관심을 가지게 되는 경우가 거의 대부분인 만큼, 멕시코 언론에서 지적하는 연예 기획사의 스파르타식 아이돌 스타 양성 시스템을 비롯하여 아이돌 스타의 인권에 대한 부정적인 뉴스가 이슈가 되지 않도록 한국 연예 기획사가 아이돌 스타의 인권문제에 보다 많은 관심을 가져야 한다.

멕시코에서 2020년 2월 첫 코로나19 감염증 환자가 발생한 이후 재택근무, 자가격리 등으로 현지인들의 생활방식이 크게 변화하였으나, 콘텐츠 소비가 온라인 중심으로 변화되면서 오히려 한국 드라마와 영화의 인기는 높아지는 추세를 보여주었다. 〈기생충〉, 〈사랑의 불시착〉, 〈오징어 게임〉 등에 대한 현지 언론의 보도는 급증했다. 아태 지역 전문 잡지 《레비스타 문도 아시아 파시피코(Revista Mundo Asia Pacífico)》는 "전 세계적으로 사회·문화적 관행을 근본적으로 변화시킨 코로나19는 한류 확장에 걸림돌이 되지 않았다."고 평가하면서 코로나19 위기에도 불구하고 지속적인 한류 확산 배경으로 한국의 문화기술력(CT)을 언급한 바 있다. 멕시코 언론의 한류 관련 보도는 소위 '코로나의 역설'을 떠올리게 만든다. 코로나19로 인해 사람들이 밖으로 나오지 못하고 집에 갇혀 있으면서 OTT(Over The Top)를 통해 한류 콘텐츠를 자주, 그리고 심층적으로 접하게 되면서 오히려 인기도와 호감도가 더욱 상승한 것이다.

코로나19 팬데믹 시대가 종식되고 2023년 엔데믹 시대에는 멕시코 언론에서 '한류' 관련 특집기사를 다루는 사례가 2020년 이전처럼 더 이상 큰 뉴스거리가 되지 않는다.

3
한류 현장 이야기

뭐 했니? 멕시코 5년
한류 현장 이야기와 문화예술로 만나는 이베로아메리카 II

3 한류 현장 이야기

1. 중남미 최초의 한류 팬클럽이 탄생하기까지

중남미에서 최초의 한류 팬클럽이 탄생할 기미를 보인 것은 2002년에 멕시코 현지 방송사에서 공중파를 통해 한국 드라마가 처음으로 방영된 직후였다.

당시 우리 정부에서는 2002년 한일 월드컵을 계기로 한국을 멕시코에 알린다는 차원에서 한국의 인기 탤런트 장동건과 안재욱이 출연한 기존 드라마 2편을 스페인어로 더빙해서 제작했다. 그리고 주멕시코대사관은 제공받은 두 편의 한국 드라마를 멕시코주의 공영방송인 메히켄세(Mexiquense CH34)를 통해 방영되도록 했다.

'한국 드라마는 한국을 알게 만드는 수단'이라는 멕시코 잡지의 특집기사, 2003

그전까지 멕시코 사람들은 동양인이 출연하는 드라마는 모두 일본 또는 중국에서 제작된 것이라고 미리 단정하고 시청했던 상황이었다. 왜냐하면, 아시아라고 하면, 중국과 일본이 먼저 떠오르던 시절이었기 때문이다. 하지만 자신들이 재밌게 보고 있는 드라마가 한국이라는 나라에서 제작되었다는 사실을 알고 나서부터는 한국에 대해 큰 관심을 가지게 되었다. 아마도 일반인들이 한국에 대해 이렇게 한꺼번에 관심을 가지게 된 것은 한국전쟁 이후 처음일 것이다.

메히켄세 방송은 장동건과 채림 주연의 〈이브의 모든 것〉을 2002년 10월부터 2004년 5월까지 네 차례에 걸쳐 방영했고, 안재욱과 최진실이 주연한 〈별은 내 가슴에〉도 2002년 11월부터 2003년 11월까지 네 차례나 방영했다.

처음에 '한국 드라마 방영이 되니, 안 되니' 하면서 나를 극락에서 지옥으로 롤러코스터를 여러 번 타도록 만든 메히켄세 방송의 소토(J. Soto) 기획총국장이 두 편의 한국 드라마를 각각 한 번도 아니고 네 차례나 방영하게 된 과정에 대해 다음과 같이 나에게 설명했다.

"처음에는 〈이브의 모든 것〉에 대한 반응을 예측할 수 없었기 때문에 첫 방영 때인 2002년 10월부터 2003년 3월 초순까지는 주당 1회씩 낮 시간에 방영했다. 하지만 예상과는 달리 높은 시청률에 놀라서 재방송을 할 때인 3월 하순부터 4월까지는 월, 수, 금에 걸쳐 매주 3회씩 방영했다. 그리고 세 번째로 방영할 때인 6월부터 9월까지는 매일 저녁 10시라는 황금시간대에, 네 번째 방영도 같은 황금시간대에 하게 되었다. 방송사 내에서 어느 누구도 이렇게까지 인기가 있을지는 예상하지 못했다. 나는 한국 드라마 덕분에 곧 한 단계 승진하는 좋은 일이 있을 것 같다. 고맙다."

당초 1회 방영이라는 계약 조건에 아랑곳하지 않고, 우리와 사전 협의도 전혀 하지 않고 2회 방영을 메히켄세 방송에서 마음대로 저질렀다는 엄중한 사태(?)를 파악하고는 눈앞이 깜깜했다. 판권을 가진 국내 해당 방송사에 물어줄 엄청난 위약금 걱정에 곧바로 담당자에게 사정을 설명하는 공문을 팩스로 보내고, 14시간 시차를 고려해서 서울 시간에 맞추어 메히켄세 방송을 대신해서 "한 번 봐달라."는 읍소에 가까운 내용으로 국내 담당자부터 방송사의 부장, 국장에게 차례로 국제전화를 돌려야만 했던 나 혼자만의 슬픈 비하인드 스토리가 소토 기획총국장의 설명을 듣고는 눈 녹듯이 사라졌다.

소토는 〈이브의 모든 것〉에 대해서 "남녀 간의 삼각관계를 주로 다루는 멕시코의 텔레노벨라(Telenovela : 중남미 국가에서 제작되는 일일연속극)와 비슷해서 멕시코 시청자들이 부담 없이 즐길 수 있었다. 게다가 한국 젊은이들의 삶에 대한 액티브한 접근까지 엿볼 수 있어서 인기가 많았던 것 같다. 특히 주인공 장동건은 우리 남자가 봐도 멋있잖아!"라고 개인적인 평가를 하면서, "멕시코 사람들에게 어필할 수 있는 연인들 간의 사랑이나 젊은이들의 우정과 갈등, 그리고 패기와 성공 등을 다룬 미니시리즈류의 한국 드라마를 현지 방송사에 지속적으로 공급해서 방영하고, 나아가서 멕시코에서의 인기가 인근 국가에 전해지면, 정서상 한국인과 유사하고, 스페인어라는 단일 언어권으로 이루어진 중남미 18개 국가 전체에 한국 드라마 돌풍을 일으켜서 한국에 대한 관심이 생기게 될 것이다."라고 가슴에서 우러나는 조언을 하기도 했다.

이러한 성공적인 한국 드라마 방영에 대해 좋은 이야기를 나누고, 소토에 대한 감사한 마음이 아직 가슴에 남아 있던 그날로부터 며칠 뒤에 한 통의 전화를 받았다. 소토는 "한국 드라마 방영 이후에 배경음악의 곡명과 가수 이름을 문의하거나, 음반을 구하려면 어떻게 해야 하느냐는 막무가내 요청이 쇄도해서 방송국 전체의 전화가 마비될 지경"이라고 하소연하며, "앞으로는 이런 전화를 받으면 모두 대사관으로 문의하라고 알려주겠다."라는 일방적인 통보를 해왔다.

소토의 통보를 받은 그날부터 대사관의 내 사무실 전화는 수신 기능만 가능하고, 송신 기능은 할 수 없을 정도가 되었다. 수시로 전화벨이 울리고, 나와 함께 일하던 멕시코인 현지 직원 신티아는 하루 종일 전화 응대에만 매달려야 해서 도저히 다른 일은 할 수가 없는 지경에 이르렀다. 몇 주를 이렇게 전화 응대만 하던 직원은 이제 목이 쉬어서 더 이상 말을 할 수 없을 정도가 되었다면서 해결 방법을 찾아달라고 나에게 SOS 신호를 보냈다.

이러다가는 일 잘하는 신티아가 갑자기 그만두고 안 나올 수도 있겠다는 걱정이 들기 시작했고, 해결 방안으로 이들 전화 민원인들을 모두 대사관으로 불러서 만나기로 했다. 당시 민원인들에게 대사관으로 오라는 메시지를 전달하기 위해 전화를 돌리던 신티아에 의하면, 처음으로 방송에서만 보던 한국인을 직접 만나 볼 수 있다는 설렘으로 시간만 정해주면 언제라도 달려가겠다는 기대에 가득 찬 목소리였다고 했다.

처음에는 우리 대사관의 내 사무실에서 이들을 한꺼번에 만나려고 했지만, 예상보다 참석자가 너무 많아서 할 수 없이 근처의 카페테리아에서 그들을 만났다. 전화 민원인들은 서로가 서로에 대해 전혀 몰랐던 사이로, 그날이 처음 만남이었음에도 불구하고 금방 친구가 되었다. 한국 드라마라는 공통분모가 있었기 때문이다. 나는 뉴스와 연예잡지 등을 통해서 미리 장동건과 채림 등 주인공들에 대해서 공부를 하고 참석했기 때문에, 마치 연예 기획사 소속의 스타들을 담당하는 매니저인 것처럼 자연스럽게 그들의 일거수일투족에 대해 설명해 주었다. 그날만큼은 내가 한국 연예계 박사가 되었다.

당시 참석했던 20대의 어떤 여성은 경상도 억양이 섞인 투박한 스페인어로 진행한 나의 설명을 다 듣고 나서 "장동건이 결혼을 했느냐? 그들도 당신처럼 우리와 스페인어로 의사소통을 할 수 있느냐? 만약 스페인어를 한다면 당신과 같은 느낌의 악센트를 구사하느냐?"라고 물었고, 또 10대의 딸과 함께 온 어떤 40대 아주머니는 "우리 딸이 안재욱에게 한국어로 편지를 보내려고 하는데, 여기서 한국어를 배울 수 있는 방법이 있느냐?" 등 갖가지 질문을 받았던 기억도 난다.

장동건과 안재욱에 대한 이야기가 끝없이 이어지던 도중에, 내가 〈이브의 모든 것〉 주제곡은 '핑클'이라는 인기 여성 그룹이 부른 노래라고 알려주자 이번에는 모두들 핑클에 대한 모든 것을 알아내려고 했다. 멤버의 이름부터 나이, 그녀들이 남자 친구가 있는지? 있다면 같은 연예인인지? 등 하여튼 그들의 한국 연예인에 대한 궁금함은 꼬리에 꼬리를 물고 끝날 기미가 보이지 않았다.

서너 시간의 만남을 끝내야 할 시점에 나는 그들에게 제안했다. "한국 드라마로 인해 한국과 한국인에 대해 관심을 가지게 된 여러분을 오늘 만나게 되어서 너무 반가웠고, 개인적으로 여러분들에게 큰 감동을 받았다. 여러분들이 가진 한국과 한국인에 대한 애정이 계속 이어지기를 바란다. 나는 여러분들의 대변인이 되어주고 싶고, 앞으로 기회를 만들어 여러분의 존재를 한국에 알려주고 싶다. 오늘의 만남이 이번 한 번으로 끝나지 않고 지속될 수 있게 우리들 모임을 챙겨줄 대표자를 여러분들 중에서 정하면 좋겠다. 그리고 여러분들이 개별적으로 요청하는 것보다는 마음에 맞는 몇몇 사람이 함께 팬클럽을 만들어 요청사항을 나에게 알려주면, 서울에 전달할 때 훨씬 큰 힘이 실릴 수 있다. 예를 들면 '장동건 팬클럽'이나 '안재욱 팬클럽'을 결성해서 대표자 명의로 요청하면, 내가 〈이브의 모든 것〉과 〈별은 내 가슴에〉의 주제곡 음반을 구해서 전해주기가 훨씬 쉬워진다."고 이야기했다.

이렇게 해서 카리나 루비아(K. Rubia)가 주도하는 '안재욱 팬클럽', 그리고 로시오 바스케스(R. Vázquez)가 회장으로 활동한 '한국 팬클럽(주로 장동건 팬들의 모임)' 등 두 개의 한류 팬클럽이 2003년에 결성된다. 한류 역사상 처음으로 멕시코에서 이베로아메리카 최초의 한류 팬클럽이 만들어진 순간이다.

한국 팬클럽의 장동건 생일축하 행사, 2004

나는 2003년 11월 어느 토요일 이들 두 개의 한류 팬클럽의 회원들, 그 가족과 친구들을 포함해서 약 100여 명을 초청해서 우리 대사관 지하 강당에서 스페인어 자막이 입혀진 한국 영화와 드라마, 뮤직비디오를 함께 보고, 노래방 기계를 설치해서 한국 노래를 따라 부르며, 한국 음식을 시식하는 행사를 처음으로 기획했다. 이날 행사에 참가한 한류 팬클럽 회원들에게 서울로부터 제공받은 드라마 주제곡이 담긴 CD와 장동건, 안재욱, 채림, 최진실 등 주인공의 모습이 찍힌 브로마이드 등도 나누어 주었다.

내가 멕시코 근무 이후에 아르헨티나와 스페인에서도 계속 시행했던 이른바 '역동적인 한국으로의 여행(Un viaje por Corea Dinámica)' 프로그램은 이렇게 시작되었고, 이후에도 매 분기마다 1회씩 대사관 강당 또는 외부 장소에서 번갈아 개최되었다. 이 프로그램의 가장 인기 있었던 코너는 한국 드라마 상영이었는데,

월드컵에서 한국을 응원하는 멕시코 한류 팬클럽 회원들, 2006

2000년대 초반만 해도 스페인어로 자막 처리된 한국 드라마를 구하기 어려웠고, 저작권 문제 해결도 쉽지 않았다. 그나마 스페인어로 된 한국 드라마를 가장 많이 보유하고 있던 기관이 국제방송교류재단(Arirang TV)인지라, 당시 구삼열 사장께 직접 구구절절 사연을 설명하는 편지를 보내고서야 DVD 확보가 가능했다.

멕시코 현지 방송을 통한 한국 드라마 방영을 성사시켜서 중남미 한류 확산의 기폭제 역할을 했고, 현지 젊은이들과 제대로 소통해서 중남미에서 최초로 한류 팬클럽이 결성되는 계기를 만들었다는 이유로 당시 국내 언론들은 나를 '중남미 한류 전도사'라고 소개했다. 그리고 세월이 많이 흐른 요즈음에는 내가 만든 멕시코에서의 사례가 '우리나라에서 가장 먼 곳, 중남미까지 한류의 인기가 드높다'는 한류의 확장성을 언급할 때, 가장 확실한 증거로써 한류 관련 서적이나 논문, 국내 언론 또는 세미나 등에서 인용이 되기도 한다.

이렇게 멕시코 현지 방송의 한국 드라마 방영을 계기로 2003년 이베로아메리카 최초로 2개 100여 명으로 탄생한 멕시코 한류 팬클럽은 2023년 현재 약 200여만 명의 회원들로 확대되어 멕시코 사람들에게 한국과 한국 문화를 전파하는 한국 문화 홍보 첨병 역할을 하고 있다.

코앗사코알코스 국제축제행사의 한국 전시관을 방문한 현지 젊은이들, 2006

| 끼어들기 |

K-팝 덕분에 마약과 범죄에서 멀어지는 젊은이들

한국의 K-팝은 멕시코 청소년들 사이에서 그 인기를 키워가고 있다. 길거리에서 커버댄스 혹은 어반댄스를 볼 수 있는데, K-팝은 청소년들이 권태와 범죄에서 멀리할 수 있도록 도우며, 개인적인 성장의 기회를 준다.

시내 중심지의 라 레푸블리카 길을 따라 걷다 보면 한 동상 근처에서 매일 오후마다 모여서 레드벨벳, 엑소, 블랙핑크 등 가장 좋아하는 K-팝 그룹의 곡을 틀어놓고 춤 연습을 하는 젊은이들을 볼 수 있다. 로베르토 알론소, 마르코 마르티네스, 조엘 곤살레스, 오스발도 로메로는 2년 전부터 K-팝 댄스를 커버하고 있다고 밝히며, 춤 연습이 많은 이로운 점이 있다는데 동의했다.

"우정을 다질 수 있습니다. 또 우리를 계속 바쁘게 합니다. 나태와 무료함을 없애고, 마약과 반달리즘(Vandalism)에서 멀어지도록 도와줍니다. 우리의 시간을 신체를 가꾸고, 조절할 수 있도록 만들어주며, 궁극적으로 우리가 진정한 삶을 살게 합니다."

특히 마르코 마르티네스는 K-팝이 더 좋은 건강상태와 교우관계,

자아 신뢰감에도 영향을 준다고 강조해서 말했다. 또한 "외국에서 유래한 색다른 장르의 음악을 연습하는 경우가 많은데, 지금은 K-팝에서 이러한 현상이 벌어지고 있습니다."라고 했다. 조엘 곤살레스는 이러한 연습을 통해 성장했고, 스스로 느끼고 생각하는 것을 표현할 수 있는 용기를 갖게 되었다고 언급했다. 로베르토 알론소는 이러한 변화가 춤에서 더 나아가 대학 전공의 선택까지 영향을 미친다고 밝혔다.

댄스와 마찬가지로 젊은이들은 K-팝 음악 자체에도 열광한다. 그들의 삶에 필수적인 것이라고 여기고 월요일, 수요일, 금요일, 토요일에 주로 연습한다.

젊은이들은 더 많은 오락과 문화를 즐기는 공간을 찾기 위해 길거리로 나선다. 그 예로 골든 걸스(Golden Girls)의 멤버들을 볼 수 있다. 이들은 댄스 경연 대회에 진출해서 한국을 여행할 기회를 엿본다. "저희들에게 댄스는 가장 좋은 운동입니다. 신체를 단련하고 건강을 지키고 스트레스로부터 해방되기 위해서입니다."라고 플로레스 푸엔테스는 말했다. 또한 길거리에서 단체로 춤을 추는 것이 개인적인 인격에도 자신감을 북돋아 준다면서, "한국 K-팝 그룹들의 춤을 춰요. 혹자는 우리가 '커버 댄스'를 연습하기 위해 모인다고 하는데, 사실은 더 나아가서 우리만의 것을 창조하기도 합니다."라고 한다.

릴리아나 로페스와 리셋 몬탈보는 댄스 퍼펙트(Dance Perfect)라는 그룹의 멤버들이다. K-팝은 그들 모임의 주요한 동기이고, 오락의 목표다. "각자 대학교 전공 수업, 아르바이트 등 저마다의 활동에 바빠요. 우리는 춤추기 위해서 길거리에 모여선 릴랙스하고, 즐기고, 또 우정을 만들어요."라고 릴리아나 로페스는 말한다.

댄스 퍼펙트의 각 멤버들은 자기만의 춤 동작과 멜로디도 만든다. "우리 모두 시간이 허락하는 범위 내에서 춤을 추고 있지만, 모두들 열심이어서 콩쿠르에서 여러 번 입선하기도 했어요."라고 말하면서, "무대 위에 있으면 아드레날린이 솟구치고, 사람들의 박수를 느낄 수 있어요. 우리의 원칙은 춤에 대한 헌신입니다."라고 힘주어 말한다.

(멕시코 현지 언론에서 K-팝의 순기능 중 하나로 종종 언급하는 내용이다. 멕시코 일간 《엑셀시오르(Excélsior)》의 2019년 1월 21일자에 게재된 기사를 번역해서 인용했다.)

2. 한국 대통령과 멕시코 한류 팬클럽 시위대의 이색적인 만남

한인 멕시코 이민 100주년을 기념하기 위해 2005년 9월 우리 대통령이 멕시코를 국빈 방문했다. 우리가 어려워서 잘 챙겨주지 못했던, 한때는 잊혔던 멕시코의 한인 후손들을 격려하기 위해서다.

최근에는 갑작스러운 국빈 방문도 가끔씩 있긴 하지만, 그때만 해도 대략 3개월 전에는 방문 여부가 확정되어서 해당 대사관에 알려주고, 대사관에서는 차근차근 사전 준비에 착수할 수 있었다.

당시 나는 멕시코 최초의 한국사랑 모임인 한류 팬클럽 회원들, 그 가족들과 친구들을 매 분기마다 대사관 지하 1층 강당에 초청해서 '역동적인 한국으로의 여행' 행사를 개최했었다. 그리고 이들과 의기투합해서 가급적 빠른 시간 내에 '한국 가요 경연 대회'를 개최하기로 했다. 요즘 거의 모든 재외 한국문화원에서 개최하는 K-팝 경연 대회의 원조 격인 셈이다.

그런데 하필이면 '한국 가요 경연 대회'를 개최하기로 한 9월에 멕시코를 국빈 방문하겠다는 청와대의 통보를 외교부를 통해 3개월 전 즈음인 7월에 받았다. 그 시절만 해도 지금처럼 한국문화원이 있었던 것도 아니고, 나와 함께 문화업무를 담당하는 직원들이 여러 명 있었던 것도 아니어서, 혼자서 국빈 방문 관련 실무업무와 '한국 가요 경연 대회'를 동시에 준비해야 하는 어려운 상황이었다. 어떻게든 해보려 했지만 역부족이었다. 일의 우선순위에 따라 부득이 한류 팬클럽 회장단과 협의해서, 예정되어 있던 '한국 가요 경연 대회'를 4분기로 연기하든지, 내년으로 미루어야만 했다.

한류 팬클럽 회장단을 만나, '한국 가요 경연 대회'를 개최하기로 한 9월에 한국 대통령이 멕시코를 방문하는 큰 이벤트가 생겨서 부득이 시기를 조정해야 하는 상황이라고 설명했다. 예상대로 한류 팬클럽 회원들의 반발은 엄청났다. 9월에 개최될 '한국 가요 경연 대회'만 바라보고 참가를 준비 중인 팬클럽 회원들이 상당히 많다는 것이다. 정말 난감했다.

한류 팬클럽 회원들의 실망감에 대한 미안함으로 불편한 하루하루를 보내며 대통령 국빈 방문을 준비하던 어느 날, 나와 격의 없이 무슨 이야기나 나누며 친하게 지내던 몇 명의 팬클럽 회원들이 나를 찾아왔다. "한국 가요 경연 대회를 9월이 아닌 연말로 연기하는 것에 동의한다. 대신 그에 대한 보상으로 팬클럽 회원 대표들이 멕시코를 방문하는 한국 대통령을 직접 만날 수 있으면 좋겠다. 팬클럽 회원들의 메시지를 전달하고, 감사의 표시로 선물을 전달할 수 있도록 해 달라."고 했다.

나는 이들로부터 접수한 내용을 바로 서울에 보고하고, 청와대 근무 중인 동료와 개인적으로 아는 분 등 비공식 채널을 통해 성사되도록 노력했지만, 예상대로 빽빽하게 짜인 대통령의 공식 일성상 별도의 면담 주선은 어렵다는 답변을 받았다. 그래서 며칠 뒤 이들에게 사정을 설명하고, 도와줄 수 있는 다른 방법을 제시하면 적극 도와주겠다고 제안했다.

대통령의 멕시코 국빈 방문을 환영하는 어린이들과 어울리는 노대통령, 2005

아니나 다를까 며칠 뒤 팬클럽 회원들은 "장동건과 안재욱이 멕시코를 방문할 수 있도록 대통령이 도와 달라는 깜짝 시위를 대통령 숙소 앞에서 할 수 있도록 허가를 받아 주고, 대통령 수행기자단을 대상으로 멕시코의 장동건과 안재욱 팬클럽의 존재를 알릴 수 있는 기자회견을 주선해 달라."면서 나에게 도움을 요청했다.

당시 멕시코 한류 팬클럽 회원들이 자신들의 우상인 장동건이나 안재욱의 멕시코 방문을 성사시키기 위해 특급 우편으로 방문을 요청하는 영상 메시지를 한국에 보내기도 하고, 소속 연예 기획사의 홈페이지 또는 해당 매니저에게 직접 연락해서 멕시코 방문을 줄기차게 요청했다. 하지만, 스케줄 등 여러 가지 제반 사정으로 이루어지지 않았던 때였다.

그때만 해도 대사관으로 이들 한류 스타가 멕시코를 방문하도록 도와주면, 원하는 무엇이든 다 해줄 수 있다는 은밀한 제의(?)가 접수되기도 했던 시절이었다.

"멕시코를 국빈 방문한 우리 대통령의 숙소 앞에서 발생하는 돌발적인 시위, 하지만 일반 시위가 아닌 깜짝 애교 시위?… 만약 국내 언론을 통해 알려지게 되면 장동건과 안재욱이 지구 반대편 멕시코에까지 자신들의 팬클럽이 존재한다는 사실에 감동을 받아서, 멕시코 한류 팬들을 만나러 진짜 올 수도 있겠다."라는 생각이 순간 스쳐갔다.

드디어 대통령의 멕시코 국빈 방문 셋째 날인 9월 10일, 이들 팬클럽 회원들의 아이디어는 실천에 옮겨졌다. 오후 2시부터 50여 명의 팬클럽 회원들이 "장동건과 안재욱을 멕시코에 보내 달라!"는 내용이 한글로 쓰인 플래카드를 들고, 한국 대통령 숙소 호텔 앞에서 깜짝 애교 시위를 했다.

나는 한국 기자단들의 작업 공간인 프레스 센터에 들어가서 알고 지내던 기자들에게 이러한 상황을 살짝, 그리고 능청스럽게 흘렸다. "지금 대통령 숙소 앞에서 무슨 데모를 하는 모양이네요. 멕시코 사람들이 모여서 구호도 외치고, 경찰들이 출입을 통제하고 좀 소란스럽네요. 곧 대통령께서 다음 일정을 위해 호텔 정문을 통과하실 텐데 큰일 났네…"라면서. 방송사의 TV 기자실과 신문사의 카메라 기자실에는 현장 출동을 하기 위해 한바탕 난리가 났다. 국빈 방문 셋째 날이라 국빈 방문 성과 등 뉴스 밸류가 높은 아이템이 거의 떨어질 때 즈음이라 기자들의 반응이 더욱 즉각적이었다.

이렇게 해서 노무현 대통령과 멕시코 한류 팬클럽 시위대의 이색적인 만남이 국내 언론을 통해 비중 있게 보도되었다. 당시

노 대통령께서 처음엔 다소 당황한 표정이었지만, 이내 상황을 파악하고 "알았다!"라면서 손을 흔들어주시고 승용차에 오르던 모습이 기억난다.

노 대통령 숙소 호텔 앞에서 깜짝 애교 시위를 벌이는 한류 팬클럽 회원들, 2005

대통령 국빈 방문이 끝나고 얼마 되지 않아 내가 정부 온라인 매체에 기고한 국빈 방문 비하인드 스토리를 다룬 글에서 "기습 시위가 사실은 대사관과 사전 협의된 이벤트였다."고 고백하자, 그걸 본 노 대통령께서 "만약 이종률 홍보관이 이러한 내용을 미리 귀띔해 주었더라면, 내가 더 큰 목소리로 '알았다!'라고 시원스레 말했을 텐데…"라고 나의 글에 직접 댓글을 달아서 당시 언론과 공직사회에서 화제가 되기도 했다.

시간이 한참 지났지만 지금도 많은 한류 전문가들이, 자신들의 책자나 세미나 발표 자료에서 중남미의 한류 열기를 설명하는 대표적인 사례로 2005년 당시 내가 한류 팬클럽 회원들과 기획했던 '한국 대통령과 멕시코 한류 팬클럽 시위대의 이색적인 만남'을 언급할 때는 여전히 가슴이 '쿵쾅 쿵쾅' 거리며, 또 이런 사례를 보고 자란 멕시코의 한류 팬들이 "우리는 장동건, 소녀시대의 팬이다."라는 피켓을 들고 2010년 여름 멕시코를 방문한 이명박 대통령 앞에서 애교 섞인 시위를 또 한 번 했다는 뉴스를 접하고는 만감이 교차했었다.

3. 한-멕시코 우정의 상징, 찰코 '소녀들의 집'

주멕시코대사관에 문화홍보 담당 1등 서기관으로 2002년 8월에 부임했다. 공직 입문 후 스페인 연수를 제외하고 국내에서만 10년간 근무하다가 첫 해외 서비스를 나왔다. 하지만 나오자마자 다른 분들은 해외 서비스 30년 동안에 한 번도 경험해보지 못할 큰일(?)을 당했다. 바로 그해 겨울에 밀수 및 상표 도용 혐의로 다수의 우리나라 사람이 현지 검찰 당국에 연행되는 안타까운 사건이 발생했다. 국내 언론에서는 멕시코 정부가 한인들 인권을 유린한 데 대해 문제를 제기하며 집중 보도했다.

대사관에서 문화홍보를 담당한 나로서는 연말은 물론이고, 그 다음 해 봄까지 하루에도 몇 차례씩 멕시코 언론인들을 만나 우리의 입장을 설명하는 백그라운드 브리핑을 했다. 대사관 영사와 함께 검찰 관계자를 만나 설명도 하고, 그 내용을 가지고 멕시코 언론과 인터뷰도 했다. 또 한국에서 온 국내 언론 기자들을 대상으로 취재지원도 하고, 매일매일 엄청나게 바쁜 나날을 보냈다.

대사님을 포함해 정무, 경제, 영사 담당 등 공관 직원들은 너나 할 것 없이 자신이 담당한 업무와 상관없이 모두 힘을 합쳐 해결 방안을 마련하는 데 매진했다. 또한 재멕시코 한인회 관계자분들과 멕시코에 진출한 우리 기업인들로 이루어진 지상사 협의회 관계자분들도 추락한 한국의 이미지를 개선하기 위해 함께 고민했다.

결론은 우리가 앞으로 좀 더 투명하게 제대로 하고, 멕시코 정부에서 잘못한 것은 철두철미하게 따져야겠지만, 먼저 현지 황색언론의 센세이셔널한 보도들로 인해 먹칠이 된 한국과 한국인의 이미지를 바로잡는 것이 우선되어야 한다는 것이었다. 그래서 대사관의 문화홍보 담당자로서 "멕시코 언론을 대상으로 한인들의 선행 사례를 소개하거나, LG나 삼성 등 현지에 투자해서 고용 창출에 기여하는 한국 기업들에 대한 현지 언론인들의 프레스투어를 진행하고, 한국 드라마를 현지 방송사를 통해 방

찰코 '소녀들의 집' 학생들과 현지인 수녀, 2022

영하는 프로젝트를 추진하는 것이 필요하다."고 제안했다.

이때 모두들 이구동성으로 한인의 대표적 선행으로 손꼽은 사례가 바로 현지 불우학생을 대상으로 정규 중고등학교 과정을 무료로 가르치는 '소녀들의 집(Villa de las Niñas)'을 운영하고 있던 우리 한인 수녀님들의 활동이었다.

'소녀들의 집' 사례는 당시 비센테 폭스(Vicente Fox) 멕시코 대통령과 영부인을 비롯한 정부 주요 인사와 여론 주도층들로부터 "한국인 수녀들이 아무도 돌봐주지 않는 멕시코 불우학생들에게 교육 기회를 제공해 주어 고맙다."라는 찬사를 받고 있었다.

마리아 수녀회 소속 정말지 분원장 수녀를 중심으로 3인의 한인 수녀들이 운영하는 찰코(Chalco)시 소재 '소녀들의 집'에는 멕시코 각지의 극빈가정 출신 자녀 4,000여 명 전원이 기숙사 생활을 하며 무료로 정규교육을 받고 있어서, 해당 찰코시 시장도 자신의 딸아이를 이곳에 입학시키려고 로비하였다가, 중류층 가정 이상의 자녀는 입학 대상이 아니라는 엄격한 규정에 따라 거부당해서 화제가 되기도 했다. '소녀들의 집' 재학생들은 멕시코 정부 교육부에서 인정한 정규 교과과정을 이수할 뿐 아니라, 졸업하고 난 후 생활전선에 나설 경우에 활용할 수 있도록 여러 가지 기술도 함께 배웠다.

대사관을 방문한 정말지 수녀가 해맑은 미소와 함께 "학생들은 졸업 학년이 되면 희망자에 한해 인근 푸에블라(Puebla)시에 있는 한인 운영 신발공장에서 기술을 실습하기도 하고, 현지에 진출한 한국 대기업에서 인턴 과정을 밟는 기회도 가진다."면서, "금년에는 졸업생 중 3명이 한국 대기업의 도움으로 한국에 있는 대학에 유학 갈 수 있게 되었는데, 멕시코에 진출한 한국 기업이나 한인 동포들이 이들 멕시코 불우학생들의 최대 스폰서"라고 흥에 겨워 설명하던 모습이 아직 눈에 선하다.

부임 첫해에 안타까운 사건으로 멕시코에서 실추된 한국인의 이미지를 되찾기 위해 어떻게 '소녀들의 집' 사례를 알릴까 고민하던 중에 정말지 수녀로부터 '소녀들의 집' 공연단이 LG전자 멕시코 법인의 도움으로 방한 공연을 하게 되었다는 소식을 들었다.

곧바로 당시 박세우 LG전자 멕시코 법인장에게 면담 신청을 했다. 박 법인장은 내가 만난 한국 기업 관계자 중에서 현지사회 기여 활동을 통한 기업의 이미지 메이킹 중요성에 대해 어느 누구보다 잘 아는 분이었다. 우리 둘은 멕시코 최대 민영방송사인 텔레비사(Televisa) 방송의 취재진을 동행시켜서 '소녀들의 집' 공연단의 방한 공연 활동과 한국의 긍정적이고 발전된 모습을 엮어서 방영되도록 하는 것이 좋겠다는 데 의견을 모으고, 반드시 그렇게 되도록 하자고 의기투합했다. 공연단의 출국일까지 얼마 남지 않은 짧은 기간이었지만, 나는 텔레비사 보도국 지인을 통해 방한할 취재진을 섭외하고, '소녀들의 집' 청와대 방문 공연도 성사될 수 있도록 내가 아는 모든 네트워크를 동원해서 측면 지원했다.

'소녀들의 집' 학생들로 구성된 공연단은 2005년 7월 LG전자 멕시코 법인의 도움으로 열흘간 한국을 방문하여 멕시코 민요와 가요뿐 아니라, '엄마야, 누나야', '돌아와요 부산항에' 등 한국 가요, '궁중무', '선녀춤' 등 자신들이 배운 한국 전통무용을 한국인들 앞에서 공연했다. 청와대도 방문해서 노 대통령 내외분을 모시고 영빈관에서 공연을 했다.

청와대 영빈관에서 공연을 가진 '소녀들의 집' 학생들을 격려하는 노대통령, 2005

텔레비사 방송은 그해 8월 중순부터 '소녀들의 집' 방한 공연 모습, 학생 인터뷰를 통한 한인 수녀들의 활동상 소개, '사스(SARS)'를 예방한 김치의 비밀 등 다양한 주제로 한인 수녀들과 멕시코의 인연을 알리는 '소녀들의 집' 특집을 매주 2회씩 20회에 걸쳐 시리즈로 방영했다. 그 이후 업무 관계로 멕시코 사람들을 만날 때마다, '소녀들의 집' 방송 프로그램을 보고 감동을 받았다는 이야기를 들었다.

　이러한 찰코 '소녀들의 집'을 활용한 홍보 활동은 이후에 실시된 주멕시코 대사관 국정감사에서 국회의원들로부터 "멕시코 사회에 기여하는 부지런하고 잘사는 한국인 이미지를 민관 공동사업을 통해 현지인들에게 제대로 소개한 좋은 사례"로 언급되며, "멕시코 국민들에게 한국을 올바로 소개하는데 크게 기여했다."는 칭찬을 받기도 했다.

　벌써 18년이 훨씬 넘는 세월이 흘렀지만, 동향이기도 하고 서글서글한 인상에 시원스런 성격까지도 많이 닮아서 멕시코에서 누구보다도 내가 자주 뵈었던 정말지 수녀와 박세우 법인장, 두 분의 소식이 궁금하다. 같은 하늘 아래서 모두 건강하게 잘 지내시겠지?

| 끼어들기 |

멕시코 한인 수녀님 덕분에 어깨 좀 펴고 삽니다. 진짜로!

"한국에서 오신 수녀님들이 멕시코에서 이렇게 좋은 일을 하고 있는지 몰랐다.", "앞으로 멕시코 친구들에게 이런 선행 사례를 많이 알려야겠다.", "시장에서 장사하는 우리들도 옆가게 멕시코 상인들에게 기죽을 필요 없겠다.", "한국인들이 멕시코에서 경제적 이익만 챙기는 것이 아니고, 멕시코 사회에 크게 기여하고 있다는 사실을 눈으로 확인했다."

멕시코 한인 동포들의 우애와 친목을 다지기 위해 2006년 5월 1일 개최된 동포 체육대회를 마치면서 우리 한인 동포들이 한 마디씩 던진 말이다. 금년의 동포 체육대회는 멕시코 남부 찰코(Chalco)시의 '소녀들의 집(Villa de las Niñas)'에서 개최되었다.

'소녀들의 집'은 정말지 수녀를 비롯하여 3인의 한인 수녀들이 중심이 되어 학업에 대한 열정은 있지만, 가정 형편이 되지 않는 멕시코 극빈가정의 자녀들을 돌보는 사회복지 교육기관이다. 천사 같은 한인 수녀들은 이들에게 좋은 교육의 기회를 제공하고자 면접을 통해 학생들을 선발한다. 멕시코 시티에 올 차비조차 없는 예비 학생들을 선발하기 위해 멕시코 각 지방을 해마다 직접 방문한다.

지난 2005년에는 한인 멕시코 이민 100주년을 계기로 한인 후손들이 주로 거주하는 남부 메리다(Mérida)시 인근 지역의 학생들을 대거 선발하기도 했다.

빈부격차가 극심한 멕시코에서 교육 양극화 해소를 위해 노력하고 있는 한인 수녀들의 멕시코 현지사회 기여 소식은 폭스(Fox) 멕시코 대통령의 영부인이자, 중남미의 힐러리라 불리는 마르타 사아군(Marta Sahagún) 여사를 비롯하여 현지 유명 인사들로부터 자주 언급되면서 멕시코 전체에 큰 반향을 일으키고 있다.

'소녀들의 집' 운영을 책임지는 정말지 분원장 수녀는 "멕시코에 진출한 한국 기업과 우리 한인 동포들이 멕시코 불우학생들에게는 최고의 스폰서"라고 강조하며, "그동안 사회에 배출된 졸업생은 3천여 명을 웃돌고, 이들은 사회에 진출한 이후에도 '소녀들의 집'에서 배운 근면성과 책임감 덕분에 멕시코인 기업주나 고용주들로부터 '채용 1순위'로 인기가 높다."고 자랑했다.

우리에게 중요한 것은 졸업 후에 이들이 그 누구보다 더 한국을 아끼고 사랑하게 된다는 것이다. 한인 수녀들이 그들에게 한국을 자랑스러운 제2의 조국으로 여기게끔 만들어 주는 것이다. 이들 한인 수녀들의 봉사활동은 외교관 수백 명의 역할을 뛰어넘는 그 누구도 할 수 없는 소중한 일이다.

'소녀들의 집' 학생들은 2003년과 2005년 두 차례에 걸쳐 한국을 방문했다. 특히 2005년 9월 노무현 대통령의 멕시코 방문 기간 중에는 이곳 학생들이 청와대 영빈관에서 공연하는 모습을 현지 신문에 크게 보도하여 한국과 멕시코의 선린우호 관계의 상징이 되었다.

멕시코 최대 경제 일간《엘 피난시에로(El Financiero)》국제부장인 가브리엘 모이센(Gabriel Moyssen)은 "멕시코 어린 학생들이 청와대에 초청받은 것만으로도 놀라운 일인데, 대통령과 영부인이 멕시코 학생들과 스스럼없이 어울리며, 격려해 주는 모습이 인상적이었다."면서, "현지 언론을 통해 소개된 한국 대통령과 멕시코 학생들의 특별한 만남은 멕시코인들에게 찐한 감동으로 남을 거다. 이러한 모습은 앞으로 양국 간 발전에 상상 이상의 효과를 거둘게 틀림없다."라고 나에게 흥이 나서 이야기했다. 그 순간 청와대 이벤트의 상징성을 알고 적극적으로 움직이신 대사님, 또 청와대 내에서 각 부서를 설득해서 성사되도록 도와주신 김 씨 성을 가진 남녀 행정관님이 떠올랐다.

멕시코에는 1만여 명의 한인 동포들이 살고 있다. 또한 1905년 멕시코에 도착한 1,033명 한인들의 후손 3만여 명도 북부 티후아나, 남부 메리다 등 멕시코 각지에서 활동하고 있다. 이들은 자기 자신의 경제력과 사회적 신분, 교육 수준과는 상관없이 자신의 조국인 한국, 할아버지의 나라인 한국의 이미지가 어떠하냐에 따라 이 나라에서 어깨를 '쫘악~' 펴고 살 수도 있고, 아니면 기죽어서 지낼 수도 있다.

멕시코 한인 수녀님들 덕분에 어깨 좀 펴고 삽니다. 진짜로!

《중앙일보》 등 다수의 국내 언론에서 필자가 2006년 5월 18일자 국정브리핑에 기고한 상기 기고문을 인용하여 '멕시코의 싸움쟁이 한인 수녀', '찰코 소녀들의 집은 멕시코에 흐르는 한국인 사랑의 샘물' 등의 제목으로 정말지 수녀를 집중 소개하는 보도를 하였다.)

4. 멕시코 대선, '나프타(NAFTA)'가 '나쁘다'?

5년간의 멕시코 근무를 마무리할 즈음인 2006년, 국내에서는 한미 FTA 체결에 대한 찬반 논리가 무성했다. 한미 FTA를 체결하게 되면, 멕시코, 미국, 캐나다 3개국의 NAFTA(북미자유무역협정) 체결 이후 빈곤층 증가와 양극화 같은 사회 부작용을 떠안은 멕시코와 같은 길을 걷게 될 것이라는 반대 논리, 그리고 한국 경제가 한 단계 도약하는 디딤돌이 될 것이라는 찬성 논리가 부딪혔다.

때마침 당시 멕시코에서도 대통령 선거를 계기로 NAFTA에 대한 보수와 진보 진영 후보의 의견이 충돌했다. 나는 멕시코 현지의 생생한 분위기를 사실 그대로 국내에 전달하기 위해 2006년 7월 6일자 국정 브리핑에 '지금 멕시코에선…'이라는 제목으로 기고를 했다. 이 기고문은 당시 재정경제부의 한미 FTA 추진 관련 대국민 설득 자료로 활용되기도 했다.

우여곡절 끝에 참여정부에서 체결한 한미 FTA는 그 이후 출범한 정부들에 의해서 비준, 재협상의 과정을 거쳤다. 무역 의존도가 높고, 수출로 성장해 온 우리나라는 한미 FTA를 통해 경제영토 확장이 가능해졌으며, 우리 경제시스템 전반을 선진화시키고, 경쟁력을 높이는 계기가 되었다는 의견이 지금은 우세하다. 자국

산업 보호를 최우선으로 하던 지난 미국 트럼프 행정부로 인해 세계 교역시장이 그 어느 때보다 혼돈스러워졌고, 지금의 바이든 행정부에서도 미국 우선주의를 강화하는 가운데, 2012년 3월 한미 FTA 발효 이후 10여 년 이상의 세월이 지난 지금 당시의 기고문을 복기해 보는 것도 의미가 있을 것 같아서 여기에 소개한다.

 2023년 7월 현재 국내 언론에서 '중국, 대미 최대 수출국서 밀려났다 … 15년 만에 3위로 급락, 1위를 빼앗은 국가는 멕시코였다.' 또는 '투자 밀려든다 … 미중 갈등이 좋아서 비명 지르는 나라'라는 제목 아래 글로벌 기업들이 잇따라 멕시코에 거액을 투자하고 있고, 소비시장과 가까운 곳에 공장을 짓는 '니어쇼어링(nearshoring)'이 세계 산업계의 키워드로 떠오르면서 NAFTA 덕분에 미국에 수출할 때 관세 혜택을 받으며 최대 소비시장인 미국을 이웃으로 두고 있는 멕시코가 각광을 받고 있다는 보도가 쏟아지고 있다. 2022년 5월 윤석열 대통령이 국회의장단과의 만찬에서 "노무현 전대통령이 정파적 이해보다 나라와 장래를 생각해 고뇌에 찬 결단을 내려 주셨다."며 한미 FTA를 언급했다는 이야기를 듣고, 한미 FTA 체결 당시 비록 조그마했지만 내가 수행했던 역할을 떠올려 보기도 했다.

지금 멕시코에선…

이번 멕시코 대선은 "베네수엘라의 우고 차베스, 볼리비아의 에보 모랄레스 등 중남미 대륙을 휩쓴 좌파 도미노 물결이 과연 멕시코에도 상륙할 수 있을 것인가?, 그래서 멕시코와 국경을 맞대고 있는 미국을 위협하게 될 것인가?"라는 주제로 비단 멕시코뿐 아니라 전 세계의 관심을 집중시켰다.

멕시코에는 지금 많은 한국 기자들이 멕시코 대선을 취재하기 위해 와 있다. 지난 9월 노 대통령이 멕시코를 방문했을 당시 60여 명의 한국 기자들이 함께 왔던 것을 제외하고는, 최근 들어 가장 많은 수의 한국 기자들이 한꺼번에 멕시코에 와 있는 것이다.

현지 일간《라 호르나다(La Jornada)》는 "이번 대선에서 승리할 가능성이 가장 높은 (좌파 후보) 로페스 오브라도르가 세계 각국의 취재진들이 보는 앞에서 마침내 자신의 투표권을 행사했다. 그런데 이들 취재진 속에는 저 멀리 아시아에서 온 기자들도 많이 보였다. 왜 일까?"라는 내용의 기사를 7월 3일자에 게재했다.

이번 대선에 대해서는 아시아의 관심도 상당해서, 예전 같으면 대선 취재진에 포함되지 않을 아시아인 기자들까지도 많이 보인다는 뉘앙스다.

이번 대통령 선거에는 집권 우파인 국민행동당(PAN)의 칼데론 후보와 좌파이자 제3야당인 민주혁명당(PRD)의 로페스 오브라도르 후보 등 5명의 후보가 출마했으나 실제로는 이들 좌, 우파 대표 선수가 2강 체제를 이루며, 향후 6년간 '아즈테카호'를 이끌어 갈 선장 자리를 놓고 각축을 벌였다.

대선 투표는 지난 7월 2일 전국의 13만여 개 투표소에서 이루어졌다. 당초 밤 11시쯤 선관위 위원장의 대선 속성표본 개표 집계 발표가 있을 예정이었다. 하지만 1, 2위 후보자의 득표 차이가 워낙 근소해서 당선 유력 후보 발표를 하지 못하는 초유의 사태가 벌어졌다. '아즈테카호' 선장을 결정하는 선택의 순간이 늦추어진 것이다.

선관위는 최종 수작업 검표가 끝나는 7월 5일 자정(한국시간 7월 6일)쯤 결과를 알 수 있을 것이라고 발표하고 있지만, 현지 언론들은 이번 주말인 7월 8일이 되어야, 수작업 검표가 완전히 끝날 것으로 전망하고 있다.

그리고 우파인 칼데론 후보가 1퍼센트 미만의 차이로 로페스 오브라도르 후보를 누르고 승리할 것이라고 현지 언론들은 보도

하고 있다. (저자 주: 칼데론 후보가 단 0.6% 차이로 극적으로 당선되었다.)

이들 좌, 우파의 2강 후보가 국민들의 지지를 얻기 위해 제시한 공약을 살펴보면, 칼데론 후보의 주요 공약은 △시장 개방 경제체제 운영 △북미권의 통합을 위해 미국, 캐나다, 멕시코 간 사회, 경제적 차이 해소 노력 △고용 창출 △에너지 부문 민간투자 허용 등이며, 로페스 오브라도르 후보는 △정부 주도의 자원 개발 △평등한 소득분배를 위한 세제개혁 △나프타 일부 협정 개정 △최저임금 보장 등을 제시했다.

현재 한미 FTA를 준비하고 있는 우리의 입장에서는, 이들 후보가 제시했던 여러 가지 공약 중, 나프타에 대해서는 어떤 입장을 보였는지 살펴보는 것도 흥미로울 것 같다.

왜냐하면 이들 후보가 지금 소속하고 있는 정당이나 개인 모두 12년 전 체결된 나프타와는 별 관계가 없기 때문이다.

굳이 나프타 체결과 관계있는 정당이나 후보를 꼽으라면, 당시 집권당이었고, 현재 제2야당인 제도혁명당(PRI)의 마드라소 후보를 들 수 있다.

따라서 나프타 체결과는 별 관계가 없는 이들 두 후보가 나프타를 어떻게 평가하는지 알아보는 것도 나프타에 대한 객관적 판단의 근거가 될 수 있을 것이다.

먼저, 우파인 칼데론 후보는 하버드 출신의 경제 대통령을 지향하며, 나프타 같은 FTA를 적극 추진한다는 입장이었다. 지난 2003년 폭스 정부에서 선언한 FTA 모라토리엄 이후 중단된 아시아 지역 국가와의 FTA를 추가적으로 체결해서 일자리를 창출하고, 수출을 확대하겠다고 공약했다.

대외개방과 시장경제 정책을 지지하는 칼데론 후보 진영은 나프타로 인하여 멕시코의 수출 및 외국인 투자가 큰 성과를 거두었다고 평가하고, 상품과 자본의 자유로운 이동을 넘어, 노동자 이동의 자유화 등으로 북미 경제권 통합을 강화시켜 나가는 것이 멕시코에 도움이 될 것이라고 주장한 것이다.

한편, 전통적으로 농민, 근로자, 도시 빈민층 등 저소득층을 지지기반으로 하고 있는 좌파 로페스 오브라도르 후보는 빈곤층 복지 확대 정책과 함께, 나프타로 인한 시장 개방이 멕시코 생활수준 향상과 삶의 질 개선에 크게 도움이 되지는 못했다는 입장이다.

그리고 나프타의 여러 조항 중 2008년부터 단행될 옥수수와 콩에 대한 농업부문 관세 철폐 문제에 대해서 추가 협상 의지를 밝힌 바 있다.

로페스 오브라도르 후보는 선거운동이 한창 가열된 지난 6월 중순, 가난한 농민들이 많이 거주하는 남부 치아파스 지역 유세에서 나프타에 대해 다음과 같이 언급했다.

"미국은 농가에 대해 많은 보조금을 주기 때문에 미국 농산물 중 옥수수와 콩은 멕시코 시장에서 불공정한 이득을 취하고 있다. 따라서 소규모 생계형 멕시코 농민들이 타격을 입고 있다."고 주장한 것이다. 그리고 자신이 당선되면 "미국, 캐나다와 관세 철폐 부분에 대해 추가로 협상해서 관세를 유지하도록 노력하겠다."고 밝힌 것이다.

일부에서는 나프타 문제와 관련해서 "로페스 오브라도르가 집권하면 나프타를 원점부터 재검토해서 전면 개정할 것"이라는 이야기도 있었지만, 그것은 로페스 오브라도르 측에서 실제로 언급한 내용은 아닌 것이다.

멕시코에서 대선을 취재 중인 국내 모 일간지 특파원이 며칠 전 로페스 오브라도르 측의 헤수스 오르테가 마르티네스 선거대책위원장과 인터뷰를 했다. "'나프타'가 멕시코에 '나쁘다'란 의미인가?"라는 질문에 대해, 선대 위원장은 "나프타를 체결한 것은 잘한 일이다. 피해가 큰 농산물 개방 부분 등에 대한 추가

협상이 필요하다는 입장이다. 함께 이득을 볼 수 있어야 한다."라고 밝힌 바 있다.

그리고 로페스 오브라도르 측 공보 관계자도 또 다른 국내 모 언론사 특파원과의 인터뷰에서 "우리가 집권하면 나프타를 전면 폐기할 것이라는 주장이 있는데, 이것은 음해"라며, "우리는 옥수수, 콩 등 주요 농산물을 전면 개방하는 독소조항만 수정하려는 것"이라고 말한 바 있다.

멕시코 최대 경제지 《엘 피난시에로(El Financiero)》는 지난 6월 15일자에서 이러한 나프타와 멕시코 농업문제와 관련해서 "멕시코 농업의 문제는 나프타로 인한 것보다는 △5헥타르 미만의 소규모 생산, △관개시설 등이 미비 된 천수답 형태의 농지, △농지 소유주의 고령화 등으로 인한 생산성 저하라는 멕시코 농업 고유의 구조적인 문제점에 그 원인이 있다."고 지적한 바 있다.

한편, 칼데론측은 로페스 오브라도르 측의 이러한 나프타 농산물 추가 협상 주장에 대해 "추가 협상보다는 미국과 멕시코 간의 노동자 이동의 자유화 등 나프타를 보다 발전, 강화하는 방식을 통해 고용을 창출함으로써 미국으로의 불법 이민자 문제를 해결해야 한다."는 입장을 보이고 있다.

이렇듯 대통령 선거에 나온 후보들 중 국민의 지지를 가장 많이 받는 두 후보 측이 각기 표심을 얻기 위해 나프타에 대한 긍정론 또는 부분 수정론 등 서로 입장이 조금 다른 공약을 내세웠지만, 그 누구도 전면 개정을 주장하지 않은 것을 보면, 역시 '나프타'가 멕시코에 '나쁘다'는 아니었던 것 같다.

그리고 아무쪼록 새로운 선장과 함께 출범할 '아즈테카호'가 순항해서 '나프타'가 멕시코에 결코 '나쁘다'가 아님을 전 세계에 증명할 수 있기를 기대해 본다.

| 끼어들기 |

한미 FTA로 두 번씩이나 억울했던 멕시코

얼마 전 일부 공기업 감사들의 '외유성 남미 출장 파문'으로 인해 "남미에 뭘 배울 게 있냐고?", "왜 하필이면 남미냐?" 등의 내용으로 남미를 무작정 깎아내리는 국내 언론의 가십성 기사를 언급하며 일부 몰지각한 공인들로 인해 엉뚱하게 남미만 억울하게 되었다고 비판하는 국내 유명 칼럼니스트의 글을 읽었다.

식량과 지하·에너지 자원, 아즈텍과 마야, 잉카 등 문화유산의 보고인 중남미의 잠재력과 위대함에 대해 제대로 알지도 못하면서 단지, 현재 우리보다 조금 못산다는 이유로 대 놓고 무시하고, 자기 멋대로 떠드는 우리의 사회 분위기에 대해 일침을 가한 것이다.

이 칼럼의 제목인 '남미는 억울하다'를 읽다가, 우리에게 있어 북미와 중남미를 아우르는 미주대륙의 관문으로 중요한 가치를 지니고 있고, 우리 한국과는 FTA 바로 직전 단계인 전략적 경제보완협정(SECA) 체결을 논의 중인 멕시코가 엉뚱하게 한국에서 논쟁 중인 한미 FTA로 인해 국가 이미지 측면에서 억울함을 당하고 있는 현 상황이 떠올랐다.

이미 100년 전, 중남미 그 어느 나라보다도 먼저 한인 멕시코 이민을 통해 한국과 첫 만남을 가졌던 우리의 오랜 친구 멕시코가 국가 이미지 측면에서 억울함을 당하고 있고, 이제는 경제적인 측면에서 또 한 번의 억울함을 당하게 될 것으로 보인다. 결국 멕시코가 한국인과 한국으로 인해 두 번씩이나 억울함을 당하는 것이다.

멕시코는 라틴아메리카 33개 국가 중에서 우리의 최대 수출 대상국이자, 우리의 최대 무역수지 흑자국이다. 전 세계 국가 중에서도 우리의 8대 수출 대상국이다. 2006년의 경우 한국이 멕시코에 총 63억 달러를 수출하고, 8억 달러를 수입했다. 무역수지 측면에서 우리가 55억 달러의 이익을 본 것이다. 이 55억 달러라는 수치는 테킬라, 마리아치, 그리고 미국 범죄자가 쉽게 국경을 넘나드는 선인장과 모래바람만을 연상하는 우리에게 전혀 새로운 의미를 던져주는 어마어마한 액수다.

최근까지 세계 12위의 경제규모로 11위의 우리나라를 바짝 추격하고 있고, 자동차 생산량에 있어서도 한국에 이어 세계 6위를 기록하는 멕시코가, 우리에게 있어서는 경제적으로 어마어마하게 큰 이익을 안겨주는 멕시코가, 같은 중견국가로서 국제사회에서 일정한 역할을 수행하면서 다방면에서 서로 밀어주고 끌어주는 멕시코가, 괜히 한미 FTA 때문에 한국에서 아주 이상한 나라로 전락되는 상황이 너무나도 미안하게 느껴졌다.

첫 번째 억울한 경우는 한미 FTA 추진 과정 중이던 2006년 4월부터 12월 사이에 일부 국내 언론을 통해 멕시코가 NAFTA 체결 이후 거의 망하다시피 한 국가로 집중 조명됨으로써 당하게 된 국가 이미지 측면에서의 억울함이다.

1994년 발효된 NAFTA로 인해 수많은 멕시코 실업자들이 미국으로 밀입국하고 있으며, 멕시코시티 중심지의 소칼로 광장에는 남루한 옷차림의 노점상들로 넘쳐나고, 길거리에는 지나가는 자동차의 유리창을 닦아주는 대가로 1-2페소(한화 150원 내외)를 받아 하루하루를 살아가는 부랑자들이 득실거리는 3류 국가로 멕시코가 국내에 연일 소개되었기 때문이다.

당시 국내에서는 한미 FTA 체결 반대 분위기가 우세한 상황에서, 멕시코가 NAFTA 이후에 완전 파산한 나라, 한국이 반면교사로 삼아서 절대로 미국과 FTA를 체결하면 안 되는 당위성을 제공하는 대표적인 국가로 소개된 것이다. 그 당시 멕시코의 국가 이미지를 걱정한 주한멕시코대사가 황급히 직접 나서서 "NAFTA 체결로 멕시코가 망한 것이 아니고, 지금도 지속적인 경제발전을 이어나가고 있다."는 내용으로 거의 읍소(?)에 가까운 표정으로 국내언론과 인터뷰 하던 모습도 기억이 난다.

두 번째로 억울한 경우는 수출의 85% 이상이 미국에 집중되어 있는 대표적 대미 의존형 경제구조를 가진 멕시코가 앞으로 한미 FTA가 발효된 이후에 미국 시장에서 한국 제품에 대한 관세가 0%가 되면 한국과 벌일 경쟁에서 패자로 전락하게 될 경제적 측면에서의 억울함이다.

왜냐하면 한미 FTA 체결로 가격 경쟁력이 한층 강화된 한국산 제품들이 미국 시장에서 점유율을 높여 나감에 따라 멕시코 상품들이 설 자리가 점차 줄어들게 될 것이기 때문이다. 최근 멕시코 유력 일간《레포르마(Reforma)》는 '한국, 멕시코 섬유산업 위협'이라는 제목으로 한미 FTA 덕분에 섬유 분야에 강점을 가진 한국이 미국 시장에서 멕시코의 최대 라이벌이 될 것이라면서 자동차와 전자제품 분야에서도 멕시코가 고전을 면치 못할 것으로 분석 보도했다.

《레포르마》는 한미 FTA 체결로 인한 관세 철폐 효과로 한국 제품의 가격 경쟁력이 위력을 발휘할 것이기 때문에, 지금까지 미국 시장에서 상대적으로 비교우위에 있던 멕시코 제품들이 많은 타격을 받을 것이고, 특히 섬유 분야에서는 상상 이상의 타격을 받을 것이라고 전망했다.

예를 들면 현재 미국 시장의 합성사(Synthetic Thread) 분야에서는 1위가 멕시코, 2위가 한국이다. 또한 직물(Woven Fabric) 분야에서는 1위가 한국, 2위가 멕시코인데, 이 분야에서 큰 변화가 있을 것으로 전망했다. 지금까지 이 분야에서 멕시코가 관세 0%의 상대적 비교우위를 누린 반면에, 관세 12.3%의 불리한 조건에서 경쟁하던 한국 제품들이 한미 FTA가 발효되는 시점부터는 공정한 조건에서 경쟁하게 될 것이고, 결국에는 한국 제품들의 승리로 끝날 것이라는 것이 너무도 자명하다는 내용이다.

한미 FTA 체결 이전에는 한국 언론들에 의해 자유무역협정 체결로 인한 대표적인 실패 사례로 인용되어 멕시코가 억울했다면 한미 FTA 체결 이후에는 미국 시장에서 경제적으로 가장 큰 타격을 받을 국가가 바로 멕시코가 된다는 또 한 번의 억울함을 당한 것이다.

한미 FTA로 두 번씩이나 억울했던 멕시코와 멕시코인들에게 개인적으로 송구하다는 말씀을 전하고 싶다.

(2007년도 한국에 귀임하기 직전에 멕시코와 멕시코인에 대해 느꼈던 나의 미안한 마음을 메모했던 내용이다. 2023년 현재 언론 보도에 따르면 노무현 대통령이 정치적 손해를 무릅쓰고 내린 대표적 결단 중의 하나로 평가받는 한미 FTA 타결에 대해서는 진보와 보수 모두가 같은 생각인 듯하다.)

5. 37년만의 차풀테펙 공원의 한국 정자 보수

어느 한가한 휴일 오후에 구글링하다가 '부부여행단'이라는 이름으로 2016년 2월 6일자에 쓰여진 블로그 글 한편을 우연히 발견했다.

"차풀테펙 공원 가는 길에 왠 한국 정자가 있다. 1968년 멕시코시티 올림픽을 앞두고 우리 정부가 기증한 거라는데, 오래됐는데 보존이 넘 잘됐다. 밖에선 애국자가 된다더니 괜시리 반가워서 한참을 쳐다봤다…"

한국과 멕시코에 직항로가 2017년부터 생기면서 멕시코를 방문하는 한국인들도 많이 늘어가고 있다. 그동안 직항이 없어 미국이나 캐나다를 경유하는 방식으로 약 18시간이 소요되었지만, 직항로 개설로 비행시간이 14시간 정도로 단축된 것이다. 최근 신혼부부들이 가장 많이 찾는다는 카리브해 칸쿤(Cancún)과 함께 당연히 수도인 멕시코시티도 한국인 관광객들이 넘쳐난다.

이들 한국인 관광객들이 멕시코시티의 이곳저곳 관광명소를 찾아다니다가, 시내 중심부의 차풀테펙 공원 내에 들어선 한국 정자를 발견하고는 많이들 놀라워한다. 도대체 무슨 이유로 미니어처도 아니고 원형대로 보존된 온전한 한국 정자가 멕시코 사람들의 주말 놀이공원이자 쉼터인 차풀테펙 공원에 '떠~억' 하니 자리 잡고 있는 것일까? 그것도 파베욘 코레아노(Pabellón Coreano)라는 스페인어 옆에 한글로 '한국정'이라고 쓰여진 입간판 옆에 청, 적, 황, 백, 흑색의 다섯 가지 색깔의 단청이 입혀진 채로 보존되어 있으니 말이다. 멕시코를 방문한 다수의 한국인 관광객들이 자신의 블로그에 한국정을 보고, "놀랐다!", "가슴이 찡했다!", "자랑스러웠다!", "왜, 한국 정자가 여기에?" 등의 글을 올려놓은 것을 여럿 발견했다.

'한국정'은 우리 정부가 1968년 제3세계에서 처음 개최된 제19회 멕시코시티 올림픽을 축하하기 위해 기증한 우리의 전통 정자다. '한국정'은 멕시코에서 수시로 발생하는 지진과 오랜 세월의 풍파를 견디고 한국과 멕시코의 우정을 상징하면서 지금도 차풀테펙 공원을 찾는 사람들에게 한국의 건축문화를 소개하고 있다.

지난 2016년 9월 경주를 강타한 지진이 1978년 관측 이후 한반도 역대 최대 규모인 5.8이었음에도 불구하고, 이 지역에 집중되어 있는 신라시대 문화재들은 극히 일부분만 훼손된 것을 두고, 이들 문화재에 적용된 전통적인 한국적 건축기법에 의한 내진설계의 우수성이 화제가 된 적이 있다. 그 당시 대표 사례로 1985년 규모 8.0으로 9천여 명이 사망한 멕시코시티 지진을 포함한 멕시코의 수많은 지진에도 불구하고 차풀테펙 공원에서 아무런 탈 없이 건재한 '한국정'이 부각되기도 했다.

 2002년 광복절 당일 주멕시코대사관에 부임한 그날부터 내가 가장 많은 공을 들이고 정성을 쏟은 업무가 '한인 멕시코 이민 100주년 기념사업'이었다. 남들은 30여 년의 외교관 생활 중 한 번도 경험해 볼 수 없는, 100년 만에 한 번 있는 일이, 운 좋게도 나에겐 첫 해외 서비스 기간 중에 생겼다는 우연이자 필연에 대해 부담감과 기대감이 교차했다. 그래서 열심히 현지인들에게 한국을 알리고, 우리 한인 동포들의 자부심을 높일 수 있는 다양한 기념사업들을 동포 업무를 담당하던 영사과 직원들과 협조해서 기획하고 진행했다.

 어느 정도 시간이 흘러 대사관 업무에 적응하고, 기념사업 준비도 차근차근 챙기고 있던 즈음에, 업무에 대한 욕심도 많고, 아이디어도 풍부할 뿐 아니라 시원시원한 스타일의 일처리로 직원들에게 인기도 많고, 리더십도 뛰어난 대사님께서 새로 부임하셨다. 직원회의 시간 중에 신임 대사님은 며칠 전 '한국정'을 방문했다면서, "옛날에 시골에서는 기와집의 지붕에 풀이 자라면, 그건 바로 후손이 끊어진 폐가를 의미하는데, '한국정' 지붕에 잡초가 무성히 자라고 있어 마음이 아팠다."라고 하셨다. 나는 경상남도 북서부 지리산 인근의 거창에서 태어났지만, 어린 시절 대부분을 우리나라 제1의 항구도시 부산, 그중에서도 남포동, 광복동 등 시내의 고층 건물이 즐비한 도시풍 분위기 속에서 자랐기 때문에, 강원도 산골(?)에서 자란 대사님께서 말씀하시기 전까지는 '지붕에 풀이 자란 기와집 = 폐가'라는 의미에 대해서 생각해 본 적이 단 한 번도 없었다.

이에 대한 여러 가지 이야기가 오고 가고, "주변 나무들의 홀씨가 날려서 '한국정' 지붕에 떨어지기 때문인 것 같으니 관할 행정기관에 이야기해서 조치를 해야 한다."는 내용으로 회의가 마무리되었다.

회의 종료 후 대사님이 나를 집무실로 부르셨다. 대사님은 비록 현재 나의 원소속 부처가 국정홍보처이지만, 국정홍보처의 전신은 공보처이고, 1968년 공보처와 문화부의 전신인 문화공보부에서 '한국정'을 기증했을 터이니, 멕시코 사람들에게 부끄럽지 않도록 좋은 해결 방안이 마련되면 좋겠다고 별도로 말씀하셨다.

그 순간 바로 떠오르는 사람이 1992년 공보처에서 공직생활을 시작할 때 항상 형처럼 따랐지만, 1997년 정부 조직 개편으로 문화재청으로 자리를 옮겨서 근무하고 있던 엄모 선배였다. 바로 국제전화를 돌렸고, 사정을 설명하자 나에게 가능한 방법을 알려주었다. 1968년 이후 여러 차례에 걸친 정부 조직 개편으로 군이 소관 기관을 찾는다면, 국정홍보처 해외홍보원에서 '한국정' 개보수를 담당해야 한다는 것이 행정적인 판단이었다. 하지만 당시 해외홍보원의 소관 업무에는 그런 내용이 포함되어 있지 않았고, 관련 예산도 전무했다. 이런 부처 간 소관 업무의 애매함으로 인한 고민의 순간에 필요한 것이 관심 있는 사람들의 의지와 정무적인 결정이다. '난관을 극복하는 힘은 실력보다는 열정에서 나온다.'는 말이 생각났다.

그래서 2003년 중순부터 2여 년에 걸쳐 문화재청과 국정홍보처 해외홍보원을 공동 수신처로 해서, 노후화된 '한국정'을 보수하고 정비해서 한국과 멕시코 간의 친선을 도모하고 우리 전통문화의 우수성을 홍보해야 한다는 내용의 공문과 전문을 지속적으로 보내고, 관계자들에게 개인 편지와 국제통화를 통해 설득하는 등 내가 할 수 있는 최선을 다했다. 한국에서는 엄모 선배가 문화재청 내부에서 해결해야 하는 정무적인 판단과 결정을 내리는 데 결정적인 도움을 주었다.

마침내 문화재청이 2005년 예산에 2억 원 이상의 '한국정' 보수 예산을 편성했다는 소식을 엄모 선배로부터 전해 듣자마자, '한국정'이 소재한 차풀테펙 공원 관리사무소의 부소장으로 일하고 있던 여성 책임자 과달루페 프라고소(G. Fragoso)에게 연락해서 2004년 12월 1일에 만났다. 그녀와 '한국정' 보수를 위한 별도의 허가 취득 여부에서부터, 보수 공사 기간 중 한국에서 파견할 기술자에 대한 체류 비자와 신분증 발급, 공사 기자재 무관세 통관과 장기간 보관할 장소를 비롯해서 공사 종료 후 멕시코 시정부에서 책임질 조명 설치 방안에 대해서도 협의를 마쳤다.

아울러 '한국정' 보수 예산 지급을 위해서 문화재청을 대신해서 주멕시코대사관이 '한인 이주 100주년 기념 사업회'와 약정서를 체결하고, 예산 위탁과 대금 지불 방법 등에 대해 명확히 했다.

이후 2005년 3월 15일에 한국에서 문화재 보수 장인들이 직접 와서, 한국에서 보내온 기자재를 활용해서 2개월에 걸쳐 '한국정'과 안내판의 지붕 기와를 교체하고, 마루와 난간 보수를 비롯하여 단청까지 말끔하게 단장하는 보수 공사를 마쳤다. 5월 12일에는 멕시코 환경부장관, 외무성 아주국장 등 귀빈들이 참석한 가운데 서울에서 파견한 한국 전통예술공연단의 음악과 춤, 줄타기 공연 등 축하공연과 함께 준공식을 개최했다.

한국 에세이 콘테스트를 마치고 한국정 앞에서 포즈를 취한 멕시코 초등학생들, 2006

완공식을 마치고 집으로 돌아오는 길에 여러 가지 기억들이 떠올랐다. 대사관 업무 종료 후 나와 죽이 잘 맞던 오모 영사와 함께 막걸리와 안줏거리를 들고 공사 현장을 방문해서 '한국정' 보수를 위해 멕시코까지 달려와 준 우리 장인들에게 한국 음식과 가족에 대한 그리움을 달래주었던 일, 또 기자재 보관을 위한 20피트 컨테이너의 공원 내 반입과 경비원 상주, 크레인과 페이로더 등 건설장비 지원을 위한 회사를 섭외하기 위해 돌아다녔던 나날들, 폐기물 처리 등을 위해 멕시코 민간회사와 시청 관계

부서 관계자들을 만나 부탁하고 설득했던 순간, 서울을 설득하기 위해 시차에 맞추어 국제전화를 돌렸던 늦은 밤…,

그리고 무엇보다 이 모든 일들이 가능하도록 물심양면으로 도와주었던 고마운 문화재청의 엄모 선배.

보수 공사를 마친 '한국정' 지붕 속에 있는 상량문에는 당시 같이 수고한 다른 분들의 이름과 나란히 '주멕시코대사관 1등 서기관 이종률'이라는 나의 이름도 들어가 있다. 수십 년 후 내가 이 세상에 없을 때쯤 다시 '한국정'을 보수하게 된다면, 나의 후배들이 2005년 당시의 '한국정' 보수에 관여했던 사람들 이름 중에서 나의 이름도 발견하게 될 것이다.

세월이 많이 흘렀지만 아무리 다시 생각해 봐도, 1968년 멕시코시티 올림픽 때 미국, 영국, 프랑스 등 당시의 선진국들도 멕시코시티 공항에서 시내로 들어오는 대로변에 조그마하게 자국을 상징하는 유명 인사 동상이나 기념물 정도를 기증했는데, 당시 중진국 수준에도 이르지 못했던 우리가, 한국 정자 하나를 통째로 지어서 멕시코에 기증하겠다는 큰 배짱이 도대체 어디서 나왔는지 지금도 무지 궁금하다!

| 끼어들기 |

멕시코 지식인이 재해석한 '1492년 10월 12일'

멕시코 근무기간 중 매년 10월 12일만 되면 멕시코 시내 레포르마(Reforma) 대로에 있는 콜론(영어명: 콜럼버스) 동상 앞에서 자신의 권리를 주장하는 원주민 시위대와 이를 저지하려는 경찰 간의 몸싸움을 목격할 수 있었다.

1492년 10월 12일은 콜론이 아메리카 대륙에 도착한 날로, 멕시코 정부는 '인종의 날'로 명명해서 기념하고 있다. 우리가 신대륙을 발견한 영웅으로 배웠던 콜론이, 멕시코 원주민 입장에서 보면 수백 년 전에 자신들의 땅을 빼앗은 침략자인 것이다. 멕시코 정부가 '신대륙 발견의 날' 또는 '콜론의 날'이라고 부르지 못하고, 이도 저도 아닌 '인종의 날(Día de la Raza)'이라고 부르는 이유다.

콜론의 신대륙 발견 500돌이 되던 1992년에 신대륙을 건설했던 스페인, 그리고 콜론의 신대륙 발견으로 부강한 이민자의 나라가 될 수 있었던 미국, 캐나다는 대규모 축하 행사를 준비했다. 하지만 중남미 국가들은 상황이 달랐다.

왜냐하면 중남미의 대다수 상류층을 구성하는 스페인 출신 정복자의 후손들은 당연히 축하 행사를 상상했겠지만, 콜론의 신대륙 발견으로 모든 것을 빼앗긴 중남미 원주민 후손들은 '국치 500주년 추모 행사'가 필요했기 때문이다.

멕시코 소설가이자 외교관인 카를로스 푸엔테스(Carlos Fuentes)는 자신의 저서 『묻혀진 거울(El Espejo Enterrado)』에서 1492년 10월 12일을 '두 세계의 만남'으로 정의하고, 유럽과 아메리카라는 두 세계가 만나 500년 동안 이룩한 '혼합과 혼혈의 문화'를 기념해야 한다고 제안했다. 발견도 아니고, 침략도 아닌 유럽인들과 아메리카 원주민들의 '만남'으로 규정하면서 양측의 화해를 시도한 것이다.

또한, 그는 '신대륙 발견' 대신 '상호 발견'이라는 용어를 사용하여, 스페인 사람들은 신대륙 발견함으로써 원주민을 발견했고, 원주민들은 자신들의 영토에 도착한 스페인 사람들을 발견한 것이라고 주장하기도 했다.

나는 신대륙뿐 아니라 극동, 중동 등 유럽 중심적 시각에서 만들어진 용어를 개인적으로 별로 좋아하지는 않는다.

6. '다이내믹 코리아 캬라반'의 15박 16일 대장정

멕시코 최남단 도시 툭스틀라 구티에레스(Tuxtla Gutiérrez)가 위치한 치아파스 주를 비롯하여 오아하카, 캄페체 등 멕시코 남부 지방의 주요 도시에서는 2005년 가을 보름 동안 '다이내믹 코리아' 열기가 뜨겁게 달아올랐다. 왜냐하면 주멕시코 한국대사관에서 한인 멕시코 이민 100주년 기념사업을 마무리하는 대형 프로젝트로 추진한 한국 문화 행사 때문이었다.

2005년 10월 초 오후, 대사관 근처 현지 식당에서 점심 식사를 마치고 커피를 마시던 중 대사님이 "이 참사관에게 만약 10만 불 정도의 예산을 쥐여주면 뭘 하고 싶어요?"라고 물으셨다. 갑작스러운 질문에 잠시 당황했지만, "100년 전 한인들이 멕시코로 이주했을 때 처음 도착한 유카탄반도 등 남부 지역은 멕시코시티와 거리가 멀고, 교통편도 불편해서 한국의 전통문화를 접할 기회가 상대적으로 적었다. 그 정도 예산이면 한국을 나타내는 상징물로 랩핑을 한 대형버스 한 대를 임차해서 한국 전통 공연단을 태우고 한국에 대해서 잘 모르는 남부 지방의 여러 도시를 순회하는 프로젝트를 만들어 보고 싶다."고 말씀드렸다. 그리고 "다만, 이제 2개월도 채 남지 않은 시간을 생각하면 이렇게 큰 프로젝트는 좀 어려울 것도 같지만요…"라고 끝을 살짝

흐리면서 웃음으로 대신했다.

무슨 연유인지 알아보니, 멕시코 공관이 준비한 9월의 대통령 행사가 너무 잘 됐고, 또 2005년이 한인 멕시코 이민 100주년이라는 의미 있는 해이니까, 외교부 본부에서 다른 공관의 불용예산을 몰아서 멕시코로 보내주면 금년 중에 사용 가능한지를 공관에 문의했고, 대사님은 이러한 서울의 제안에 대해 고민하시다가 나에게 의견을 물어본 것이다. 나의 답변에 대해 대사님은 "좋은 프로젝트인 것 같다. 하지만 너무 무리하게 꼭 하지 않아도 되니까 부담은 갖지 말고, 그냥 실현 가능성에 대해 한 번 검토만 해보라."고 말씀하셨던 일이 '다이내믹 코리아 캬라반'으로 이어졌다.

먼저 멕시코의 여러 지자체를 대상으로 공동 행사 의향이 있는지 문의했고, 어느 정도 가능성이 있다는 판단이 들었을 때, 바로 16개 광역자치단체장 앞으로 협조요청공문을 보냈다. 12월 중 멕시코 남부의 주요 도시를 보름 이상 순회하면서 한국 전통공연 행사를 개최하려는데, 공연단의 항공료만 지자체에서 해결하면, 공연장 섭외와 공연단 숙식과 멕시코 국내 교통편 등 나머지는 대사관에서 책임진다는 내용이었다. 각 단체장 앞으로 이러한 내용과 함께, 시간이 2개월도 채 남지 않은 관계로 무조건 첫 번째로 회신을 주는 지자체와 협력해서 진행하겠다고도 명시해서 팩스로 동시에 송부했다.

바로 다음 날 경기도, 부산, 서울 등의 순으로 회신 문서가 접수되었다. 당시 두 번째로 접수된 부산광역시에서 공연장 섭외를 제외한 모든 비용을 자신들이 부담하겠다는 파격적인 조건을 제시했지만, 약속한 대로 첫 번째로 회신을 준 경기도에 함께 협력하자는 내용의 답신을 보내고, 세부사항에 대한 조율에 들어갔다. 동시에 멕시코 남부의 4개 주 정부의 문화부서에도 지역 주민들에게 한국 전통 문화예술을 경험할 기회를 마련할 테니, 공연장과 공연단을 위한 숙식 등 편의를 제공해 달라는 내용의 공문을 보내고, 전화로 구체 내용을 설명하는 작업을 본격적으로 진행했다. 그렇게 '다이내믹 코리아 캬라반'은 시동을 걸었다.

드디어 12월 5일 멕시코시티의 베니토 후아레스 국제공항에 김정학 예술감독 등 경기도립무용단이 도착했다. 이들 단원들과 저녁을 함께하며 '다이내믹 코리아 캬라반'에 동행할 서동수 '한인 멕시코 이민 100주년 기념사업회' 회장과도 상견례 하는 시간을 가졌다. 현지인을 대상으로 2002 한일 월드컵 이후 한국 상징 슬로건으로 해외에 적극 전파 중이던 '다이내믹 코리아'의 인지도를 높이기 위해 행사 이름을 '2005 DYNAMIC KOREA

TOUR'로 정했고, 각 지방 순회공연 기간 중에 만나는 현지 언론인, 교수, 고위 공무원 등 여론 주도층들을 친한 인사로 만드는 네트워킹 강화 활동도 병행한다고 단원들에게 설명해 주었다.

다음날 12월 6일, 20여 명의 경기도문화의전당 소속 경기도립 무용단원으로 구성된 '다이내믹 코리아 캬라반'이 멕시코시티를 출발했고, 12월 7일 메스칼(Mezcal)과 몰레(Mole) 등 멕시코 전통주와 음식으로 유명한 오아하카 주를 시작으로 '다이내믹 코리아' 로고로 치장한 46인승 대형버스가 멕시코의 주요 도시를 누비고 다녔다.

다이내믹 코리아 캬라반 행사에 사용된 버스, 2005

12월 8일에는 100년의 역사를 자랑하는 오아하카 주 최고의 공연장인 '마세도니오 알칼라 극장(Teatro Macedonio Alcalá)'에서 현지인들을 대상으로 '태평무', '부채춤', '사물놀이' 등 한국 전통무용을 소개해서 큰 호응을 얻었다. 이어서 치아파스 주의 툭스틀라 구티에레스 도시에서 12월 10일과 12월 11일 이틀 동안 야외공연을 하고, 12월 14일 캄페체의 프란시스코 파울라 데 토로 시립극장(Teatro de la Ciudad Francisco de Paula Toro)과 12월 16일 체투말의 1974년 입법의회 극장(Teatro Constituyentes del 74) 공연 등 15박 16일 동안 총 4개 주 5개 도시에서 편도 3,500km를 달리며 멕시코 사람들에게 한국 전통문화를 소개했다.

킨타나로 지방 대학 학생들을 대상으로 개최한 한국소개 행사 기념사진, 2005

아울러 방문하는 각 주마다 한국 전통문화 소개와는 별도로 각 주립대학을 방문해서 도서관에 『코리아 애뉴얼(Korea Anual)』 등 한국 소개 책자를 제공하고, 한국 관광사진전과 세미나 등 소속 학생들과의 만남을 통해 한국에 대해 소개하는 시간을 가지고,

국제관계학 교수 등 아시아에 관심 있는 학자들과도 면담을 가졌다. 지역 언론들과의 인터뷰도 물론이다. 이렇게 지역 주민들과 현지 오피니언 리더들의 관심이 한국에 집중될 수 있도록 분위기도 조성했다.

 전 일정을 동행한 재치 있는 대사관의 박재일 영사가 노래방 기계를 대형버스 화물칸에 실어 온 덕분에 단원들을 비롯한 우리들은 이동하는 중간중간에 장기자랑을 겸한 휴식시간을 가지면서 에너지를 재충전했고, 스페인어에 능통한 서동수 기념사업회장은 단원들이 음식이 맞지 않아 배탈이 나면 할아버지가 손녀를 돌보듯 근처 병원과 보건소에 데려가는 등 정성스럽게 돌봐주었다. 가끔씩 어린 단원들이 좋아하는 아이스크림을 챙겨주는 센스까지도 곁들이며 서 회장은 단원들에게 최고의 인기를 누렸다.

 모든 공연을 종료하고 떠나기 하루 전날, 칸쿤 지역의 천연 워터파크 '셀하(Xel-Há)'에서 카리브해를 즐기며 피로를 풀려고 모든 단원들과 함께 에메랄드 빛 바다에 뛰어들자마자 나는 다리에 쥐가 나서 함께 놀지도 못하고 콜라 한잔 마시면서 마음만 즐거워했다. 거의가 20대 초 중반의 미혼 여성이었던 단원들은 셀하가 너무 이쁘다며, 다음에 신혼여행으로 남편과 함께 여기에 다시 와서, '다이내믹 코리아 캬라반'의 힘들었지만 즐거웠고 의미 있었던 여정을 되새기고 싶다고 했다.

공연을 마치고 포즈를 취한 경기도립무용단원, 2005

우리들은 12월 20일 칸쿤 공항에서 15박 16일간 전 일정을 함께 했던 46인승 대형버스 '다이내믹 코리아 캬라반'을 멕시코 시티로 홀로 돌려보내고, 단원들은 한국행 비행기를, 우리들은 멕시코시티행 비행기를 탑승해야 했다. 탑승하기 위해 각자의 게이트로 헤어지기 직전 단원들은 눈물을 쏟아냈고, 서동수 기념사업회장을 비롯한 나와 대사관의 박재일 영사도 가슴 뭉클함과 섭섭함으로 인해 단원들과 제대로 작별 인사를 나누지 못할 정도였다. 내가 공직 생활을 마감하는 그날, 누군가 나에게 가장 기억에 남는 일이 무엇이냐고 묻는다면 아마도 경기도립무용단과 함께했던 15박 16일간의 대장정이라고 말할 것 같다. 김정학, 이용문, 안영화, 황호재, 이규석, 국철민, 길준섭, 장혜진, 권윤애, 권애라, 김주연, 이용주, 임예지, 오지혜, 이지영, 박지혜, 구태정, 김결희(김태정)… 18인의 역전의 용사들!

필자에게 선물한
경기도립무용단원들의
장구피 감동 이별사, 2005

한편으론 지금까지 이루어졌던 단편적인 일회성 한국 전통예술 소개에서 벗어나서, 한국의 역사와 문화 전반에 대한 현지인들의 이해도를 제고하는 융복합 한국문화종합소개 행사 프로젝트로 2005년 처음 시도된 멕시코 '다이내믹 코리아 캬라반'이 이제는 세계 30개국 35개 한국문화원의 대표 간판 사업으로 진화하고 있는 것을 목격하고 있으면 감개무량하다.

18년 전 20대 초·중반의 미혼 여성이었던 단원들을 다시 만났다. 이제는 모두 기혼이고 40대를 넘었다. 하지만 모두들 여전했다.

당시 대사님께 단원들 사진과 함께 만남에 대해 말씀드렸다. 대사님께서 "놀랍군요. 그때 인연을 계속 유지해가고 있다니 대단합니다. 인연을 소중히 여기는 이 국장의 심성이 크게 보답받을 겁니다. 보답을 위해 그리하는 건 아니지만…"이라는 문자를 보내주셨다. 좋은 만남이 좋은 운을 부른다!

함께 한국 문화를 소개했던 경기도립무용단 단원들과 18년 만에 다시 만나 당시의 에피소드에 대해 이야기 하던 중에, 2023

| 끼어들기 |

문화세일즈 외교의 상징, 소피 마르소

파리나 런던, 뉴욕을 방문한 우리 대통령 관련 보도를 살펴보면, "세계 문화의 중심에서 문화세일즈 외교를 펼치다."라는 내용과 BTS 등 우리의 K-팝 스타와 찍은 사진이 자주 나온다. 대통령의 외국 순방에 맞추어서 국가의 브랜드 가치를 높이기 위해 정부에서 문화외교를 전개한 것이다.

언론 또는 정부에서 만든 '문화세일즈 외교'라는 용어가 공식적으로 사용될 수 있는지 여부는 차치하고, 소위 '문화 외교'와 '세일즈 외교'를 결합한 '문화세일즈 외교'의 사례를 내 눈으로 처음 목격한 것은 1993년 프랑스의 미테랑 대통령이 고속열차 TGV를 우리나라에 팔기 위해 당시 책받침 스타였던 배우 소피 마르소 등 문화예술인들을 비공식 수행원으로 대동했을 때다.

당시 소피 마르소는 노령의 미테랑 대통령이 장거리 여행으로 잠시 쓰러지는 해프닝이 발생한 청와대 공식 환영식을 비롯해서 국빈만찬, 1993 대전 엑스포 프랑스관 방문 등 대통령의 거의 모든 공식 일정에 수행하며, 우리 언론으로부터 집중 조명을 받았다.

대전 엑스포 프랑스관을 방문한 소피 마르소, 1993

문화세일즈 외교의 상징인 소피 마르소의 방한이 주효했는지 확인할 방법은 없지만, 아무튼 프랑스는 1994년 TGV를 앞세운 프랑스 제작사 알스톰을 통해 한국의 고속철도 시장에 입성했다.

BTS가 2018년 '자신을 사랑하라'는 메시지로 큰 울림을 안겨준 UN총회 연설 이후 2020년과 2021년 등 총 3차례에 걸쳐 UN총회에 초대되었다. 걸그룹 에스파는 2022년 UN총회 회의장에서 개최된 '2022 지속가능발전 고위급 포럼'에 참석해서 "지속가능한 지구의 생태계를 위해 노력해야 한다."면서 UN SDGs의 가치를 설파했다. 개별국가를 넘어서 더 큰 UN을 상대로 당당하게 문화외교를 펼치고 있는 대한의 젊은이들이 자랑스럽다.

7. 멕시코와 쿠바의 한인 이민사

중남미로의 첫 한인 이민은 1,033명의 대한제국 국민이 영국계 멕시코인과 일본인 브로커에 속아 선박용 밧줄 원료인 에네켄(용설란) 농장의 계약 노동자로 1905년 4월에 멕시코행 배에 오르면서 시작되었다. 이들은 멕시코 유카탄반도의 메리다 지역에서 20여 개의 에네켄 농장으로 분산되어 일을 했다. 이후 계약이 끝났지만 1910년 한일합방으로 인해 돌아가야 할 조국이 사라졌고, 그대로 멕시코에 정착했던 이민자들 중 일부는 1921년 3월 사탕수수 노동자로 쿠바로 재이주하기도 했다.

멕시코 이민 초기 한인들이 노동을 제공했던 에네켄 농장, 2005

이름만 계약 노동자이지 실제로는 노예와 다름없는 신세로, 강제노동을 한 이들은 4년의 계약 기간이 끝난 1909년 5월 자유의 몸이 되었지만 돌아갈 여비도 모으지 못했다. 게다가 이듬해에 대한제국은 일제의 식민지가 되면서 돌아갈 곳도 없게 되었다. 그래서 대부분의 한인 이민자들은 다시 메리다 지역에서 재계약해서 생계를 이어갔고, 일부는 멕시코 각 지역으로 흩어져서 어려운 생활을 이어나갔다.

내가 2005년 한인 멕시코 이민 100주년을 준비하면서 메리다뿐 아니라, 캄페체 등 멕시코 곳곳의 에네켄 후손들을 만나면서 특이한 현상을 발견했다.

대서양 연안 캄페체 지역의 에네켄 후손들, 2005

계약 종료 후에도 메리다 지역에 그대로 남아있던 1세대 한인 이민자의 후손들은 허름한 초가집에서 현지인과 마찬가지로 농사일과 막노동을 하며 여전히 가난하게 살아가고 있었다.

이에 반해서 개척 정신을 가지고 멕시코시티나 북부 티후아나 등으로 이주해서 새로운 삶을 찾아서 도전했던 1세대 한인 이민자의 후손들은 의사, 변호사, 교수, 언론인, 회계사, 사업가 등 전문분야에 진출해서 중·상류층의 생활을 영위하고 있었다.

역시 포기하고 현실에 안주하기보다는, 무엇엔가 도전하고 열정을 가진 사람들의 DNA가 좀 더 나은 삶을 보장한다는 진리를 확인했다.

당시 초록색 금(Oro Verde)이라고 불리며 선박용 로프를 만드는 데 사용되던 에네켄은 나일론이라는 합성섬유의 등장으로 몰락하게 되고, 메리다 지역의 한인 이민자들은 어려운 생활을 꾸려 나간다.

생활고에 시달리던 한인 이민자들 가운데 290여 명이 1921년 3월 쿠바로 재이주하게 된다.

1910년부터 1920년 사이 쿠바에서 사탕수수 산업이 활성화되면서 노동력이 부족하게 되자 쿠바가 외국인 노동자를 받아들이게 되고, 한인들도 이런 외국인 노동자의 일부였다. 그러나 한인들이 쿠바에 도착했을 때는 국제 설탕 가격이 폭락하여 사탕수수 농장에서는 일자리가 줄고, 임금도 크게 하락해서 처음에 의도했던 농장에서 일하지 못하고, 각 지역에 흩어져서 잡역 노동자로 살아가게 된다.

하지만 이들 멕시코와 쿠바의 한인 이민자들은 어려운 생활에도 미국 신문이나 재미동포들의 서신 등을 통해 3·1운동 이후 본격적으로 전개된 해외에서의 독립운동 소식을 접하면서, 독립운동자금을 상하이 임시정부로 보내는 등 고국의 독립운동에 힘을 보태며 민족혼을 지니고 살아왔다.

현재 멕시코에 6개, 쿠바에 1개의 한인 후손회를 결성해서 한인의 뿌리를 기억하면서 살고 있는 45,000여 명 이상의 에네켄 후손들이 한국과의 연결고리를 지속적으로 이어나갈 수 있도록 정부와 민간에서 분위기를 조성하는 노력이 무엇보다 중요하다.

| 끼어들기 |

에네켄 후손을 통해 확인한 '문화란… 바로 음식이야!'

한인 멕시코 이민 100주년을 앞두고 멕시코 남부 유카탄반도의 메리다를 방문해서 한인 후손들을 만나러 다녔다. 소위 에네켄 후손들을 만나서 그들의 지나온 날들에 대해 듣고, 오늘과 내일에 대해 이야기를 나누면서 '문화란 무엇인가?'에 대해 심각하게 고민했다.

학문적인 개념으로 보면 문화란 인간의 생활양식, 인간의 의식과 생활의 총체라고 할 수 있다. 음식문화와 주거문화 등 어디든지 붙여 쓸 수 있고, 또 다양한 형태를 지닌다.

김치 등 한국 음식 소개행사를 하는 에네켄 후손들, 2005

에네켄 후손들을 만나고, 그들의 가정을 방문하면서 정확하게 확인한 것이 하나 있다. 그들은 한국말도 못 하고, 얼굴도 한국인의 얼굴이 아니었다. 하지만 음식은 여전히 그대로였다. 1905년 그들의 선조가 멕시코에 도착한 이후에 100년이 흘렀지만, 여전히 멕시코 콩으로 고추장을 담아서 먹고, 양배추와 수박 껍질로 김치와 깍두기를 만들어 먹었다. 가장 끈질기게 마지막까지 살아남는 것은 고유의 식문화였다. 역시 문화 중에 문화는 바로 음식임을 확인할 수 있었다. 요즘 멕시코에선 김치와 장류, 즉석밥 등 한국 식재료로 구성된 'K-푸드 꾸러미'를 활용한 한식 요리 시연회가 개최되고, SNS를 통한 '나만의 K-푸드 레시피 소개 챌린지'가 한 달 만에 조회수가 50만 회를 넘는 등 K-푸드에 대한 반응이 뜨겁다고 한다. 에네켄 후손들이 이어온 멕시코인들에게 최적화된 한식에 대한 레시피를 응용해서 K-푸드의 멕시코 수출 확대와 수출시장 다변화를 모색해 보는 방안도 필요할 것 같다. 임도 보고 뽕도 따고, 우리 문화도 확산시키고 한식도 수출하고!

국내 모 기업에서 개발해서 소비자들의 입맛을 사로잡은 바 있는 매운 소시지 '직화부어스트 할라피뇨(Grilled Wurst Jalapeño)'를 한류 문화의 힘을 드러내면서 마법의 요술 지팡이 역할을 하는 접두어 K를 붙여 'K-초리소(Chorizo: 이베리아반도에서 기원한 갖가지 종류의 돼지고기 소시지)'로 재작명해서 고추의 원산지인 멕시코로 수출하면, 수많은 멕시코 한류 애호가와 에네켄 후손들뿐 아니라 현지인들로부터도 큰 인기를 얻어 1억 3천만 멕시코 국민 소시지가 되지 않을까?

매콤한 맛으로 멕시코인들의 입맛을 사로잡을 직화부어스트 할라피뇨, 2023

8. 피델 카스트로 혁명 동지, 에네켄 후손 임은조 선생

쿠바 한인 중에서 가장 고위직인 차관급까지 오른 에네켄 후손 임은조(헤로니모 임) 선생을 메리다의 한인 모임 행사에서 처음 만났다. 한인 멕시코 이민 역사의 산증인으로 부모님이 멕시코에 도착한 지 석 달 뒤인 1905년 8월에 태어나서, 한인 멕시코 이민 100주년이 되는 2005년에 100세를 맞이한 고흥룡 옹도 자리를 함께 했다.

사진 왼쪽에서 두 번째 빨간 모자를 쓴 사람이 임은조 선생, 2005

당시 한인 멕시코 이민 100주년을 기념하는 행사에 참가하기 위해 쿠바 정부의 허가를 받고 메리다를 방문한 임은조 선생은, 첫 멕시코 둥이로 한국을 한 번도 가본 적이 없다는 고흥룡옹에게 1995년 자신이 한국을 방문했던 경험을 이야기하면서, "앞으로도 건강을 유지하셔서 부모님의 조국인 한국을 반드시 가보셔야 한다."고 권유했다. 그리고 결연한 표정으로 "멕시코에서처럼 쿠바에도 한인 후손들의 모임인 한인회를 만들겠다는 지의 꿈을 꼭 이루겠다."라고 약속했다.

앞 줄 왼쪽에서 네번째 파란색 원피스를 입은 여성이 마르타 임 여사, 2022

하지만 임은조 선생은 이듬해인 2006년 지병으로 인해 쿠바에서 수술을 받다가 돌아가셨다는 소식을 전해 들었다. 앞으로 미수교국 쿠바와의 관계 강화를 위해 많은 일을 하실 수 있는 분이었는데, 또 쿠바 한인사회의 어르신이고 자랑이었는데 정말 안타까운 일이 발생한 것이다.

임은조 선생은 멕시코 에네켄 농장에서 일하다가 1921년 쿠바로 재이주한 대한인국민회의 초대 쿠바지회 회장이자, 쿠바에서 도산 안창호 선생과 연락을 취하며 독립운동자금을 모아 고국에 보내고 현지 한인들에게 한글과 민족문화를 가르치며 3·1절 기념 행사를 갖는 등 항일운동을 전개한 애국지사 임천택(에르네스토 임) 선생의 장남이다.

그는 한인 최초의 국립 아바나대학교 법대생으로 1949년부터 법대생 동기인 피델 카스트로(Fidel Castro)와 함께 시위도 하고, 시국토론에도 참여하고, 우정을 다지며 1959년 쿠바혁명을 일으킨다. 그 후 혁명정부 경찰청에서 인사·법무담당관을 지내다가, 1963년 산업부 인사담당관으로 옮겨서 당시 산업부 장관이던 체 게바라(Che Guevara)와도 4년간 함께 일한다.

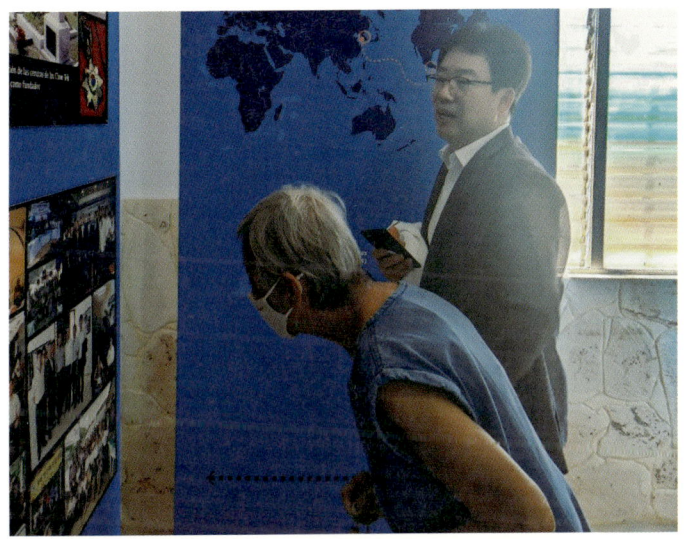

한인 쿠바 이민 역사를 소개하는 전시를 둘러보는 마르타 임 여사, 2022

그는 퇴직 후에 한글과 한국 문화를 가르치는 주말 한글학교를 운영하고 쿠바 한인의 역사를 소개하는 책자를 만드는 데 기여했다. 나는 2022년 8월 제77주년 대한민국 광복절 기념 행사와 쿠바 한국문화센터 현판식에 참석하기 위해 쿠바 아바나를 방문해서 임은조 선생의 여동생 마르타 임 여사와 손자 넬슨 주니어를 만날 수 있었다. 임은조 선생의 미완의 꿈이었던 쿠바 한인회 설립 과정과 쿠바 국립극장에서 관람한 재미교포 전후석 감독의 〈헤로니모, 내 이름은 '임은조'입니다〉에 대해 이야기를 나누며, 임은조 선생이 은퇴 후 카스트로 독재체제의 한계를 깨닫고 한인 정체성에 대해 고민하던 순간에 대해 들었다. 헤어질 때 마르타 임과 넬슨 주니어는 남한과 북한의 구분이 필요치 않은 쿠바의 한국인으로 살 수 있는 날이 빨리 오면 좋겠다고 했다.

> Excelentísimo Sr. Ministro Fernando Rojas:
> Espero que muy buen día. Soy Chongyul YI del Ministerio de Cultura, Turismo y Deporte. He venido a Cuba con motivo de celebrar 100 años de la migración coreana en Cuba. Me reuní con los descendientes coreanos en Cuba, ellos son un gran símbolo de amistad entre Cuba y Corea.
> El Sr. Martínez Batista me dijo que Ud. es la autoridad máxima que puede decidir si es posible realizar un evento cultural acerca de Corea el año próximo.
> Ojalá podamos llegar a un acuerdo para hacer un evento cultural aquí en la Habana relacionando a la Feria Internacional del Libro de la Habana el próximo año.
> Hoy tengo que salir de la Habana, no puedo verle a Ud. Sólo entrego mi saldo sincero a Ud. Un fuerte abrazo.
> 15 de Agosto, 2022
> Chongyul YI 이종율

쿠바 문화부 차관 앞 손편지, 2022

쿠바 행사를 마치고 비행기를 타기 위해 공항으로 막 출발하려는 순간에 쿠바 체류 기간 동안 계속 우리를 도와주던 페페(Pepe)라는 아바나 시청 공무원이 "한국과 쿠바의 관계 개선을 위해 노력하는 당신에게 감동했다. 나의 친한 친구가 쿠바 문화부 차관의 측근 인사"라면서 자신도 한-쿠바 관계 개선을 위해 역할을 하고 싶다는 의사를 밝혔다. 나는 급하게 호텔 프론트 데스크에서 A4 용지를 구해서 한인 쿠바 이민 역사를 언급하며 '아바나 국제도서전' 등을 통한 양국 문화교류 활성화를 위해 함께 노력하면 좋겠다는 내용의 손 편지를 볼펜으로 작성해서 페페에게 전달하고 출국했다. 나의 손 편지가 제대로 전달되었기를 기대헤 본다.

9. 멕시코에서 유럽과 아프리카까지: 동에 번쩍, 서에 번쩍

나는 공직생활 중 특별한 경험을 했다. 한국에서뿐만 아니라 멕시코를 거쳐 아르헨티나를 찍고 스페인에서 근무하는 동안 국빈 또는 실무, 공식방문 등의 양자 행사, APEC이나 ASEAN+3 등 다자 행사를 포함한 대통령의 해외순방 행사를 준비하며 김영삼, 김대중, 노무현, 이명박, 박근혜, 문재인 등 6명의 대통령을 가까이서 모시는 기회가 40여 차례 있었다. 혹시나 이 글을 쓰고 난 이후에도 "이번 행사는 아주 험지. 당신이 경험이 많으니까 도와주면 좋겠다. 후배들에게 VIP 행사가 어떤 것인지 보여줘라. 내일 바로 출국할 수 있도록 준비하라!"는 명령이 떨어지게 되면, 윤석열 대통령까지 총 7명의 역대 대통령 해외 순방 행사에 참여했다는 기록을 만들 수도 있다.

김영삼 대통령 페루 방문행사 종료후 리마공항에서 환송인사 모습, 1996

우리 대통령의 해외 순방에 더해서 빌 클린턴 미국 대통령, 미테랑 프랑스 대통령, 후지모리 페루 대통령, 라오 인도 수상, 호주 폴 키팅 총리 등 외국 정부 수반의 방한 행사를 준비한 횟수까지 모두 포함하면 거의 70회 정도 될 것 같다. 청와대에서 근무하는 동안 두 분의 대통령을 모시며 에어포스 원을 타고 미국, 일본, 중국 등을 방문한 경우는 포함하지 않더라도, 외교부를 제외하고, 아니 조금 더 과장하라면, 외교부를 포함하더라도, 정부 부처 공무원 중에서 나보다 더 많이 국내외의 대통령 행사에 참가한 사람은 없을 것이라고 주위에서 이야기한다. 몇몇 외교부 의전관 출신 외교관으로부터 대통령 행사의 레전드라고 불리기도 했다.

청와대를 방문한 한국문화원장과 문화홍보관을 맞이하는 노 대통령, 2004

국빈 행사를 담당하며 통상 1-2년 정도 근무하는 외교부 의전과 출신의 경우에도 자신이 직접 담당한 행사가 30여 회를 넘기는 힘들다. 그리고 외교부의 경우는 해외에서 파견 직원을 차출할 때도, 전 세계 170여 개 공관에 충분한 젊은 인력 풀(Pool)이 있어서, 체력의 한계를 절감하는 50대 이후 직원들은 예우 차원에서도 파견 명령을 자제하기 때문에, 어느 정도 나이가 들면 외교부 직원들은 대통령 행사에서 해방(?)될 수 있다.

하지만 문화체육관광부 공무원으로서 해외에 파견 나와 있는 얼마 되지 않는 문화원장이나 문화홍보관 중에서 대통령 행사를 담당할 파견자를 찾아야 할 경우에는 유경험자가 많지 않아 50대가 넘어서도 차출되는 경우가 많다. 이럴 때 외교부 동료 직원들로부터 "어우… 너무 안됐다."라는 위로의 인사를 듣기도 한다.

예를 들면, 90년대 초반에 나와 함께 대통령 행사를 담당하며 외교부 의전과에서 사무관으로 일하던 선후배 동료들은 의전과장, 의전심의관, 의전장을 거쳐 현재 두 번째 공관장으로 해외에서 근무하고 있고, 또 경호 업무를 담당하며 같이 고생하던 동료 경호관들은 이제 경호부장, 경호처장, 경호실장을 거쳐 이미 퇴직했는데도, 나는 여전히 대통령 순방 행사 준비를 위해 현장에서 문화홍보 담당 실무자로 뛰어야 했기에 상대적으로 오랜 기간 동안 많은 경험을 쌓을 수 있었다.

대통령 러시아 국빈방문 수행 중, 2005

내가 담당했던 마지막 행사는 2018년 러시아 월드컵 계기 대통령의 모스크바 방문이었다. 당시 모스크바에 파견가서 한 달 이상을 체류하며 차이코프스키 음악원(Tchaikovsky Conservatory)에서 열린 '한-러 클래식 음악제' 등을 준비했다. 당시는 공식 수행원으로 문화체육관광부 장관이 포함되어 있었고, 체육 업무를 담당하는 2차관도 우리 대표단의 월드컵 참가를 지원하기 위해 별도로 러시아를 방문해서 양국간 MOU 등 여러 가지 챙겨야 할 일이 많았다.

대통령 행사는 경호와 의전, 공보 등 3개 파트로 나누어서 준비하는데, 나 같은 문화체육관광부 소속 공무원의 경우에는 대통령 수행 기자단을 위한 프레스 센터 설치와 취재 지원, 현지 언론을 활용해서 한국을 제대로 알리는 공보파트뿐 아니라, 필요할 경우에는 대통령 순방을 계기로 국가 이미지를 높이기 위해 추진되는 문화 행사까지 담당하게 된다.

청와대 녹지원에서 열린 김대중 대통령과 서울상주 외신 간담행사 모습, 2002

원래 대통령 행사의 의전과 공보 파트 모두를 외교부에서 담당했는데, 1993년 내가 공보처 해외공보관 외보부 사무관으로 근무할 때, 에너지가 넘치던 당시 외보부장께서 외교부로부터 덥석 공보 파트를 이관 받은 이후부터 우리 문화홍보 담당 공무원들의 일이 되었다. 당시만 해도 "서울에서 돼지 10마리를 제주도로 몰고 가는 것보다, 기자 1명을 제주도로 이동시키는 일이 더 어렵다."는 말이 있을 정도로 대통령 수행기자단을 지원하는 일이 쉬운 일이 아니라는 걸 모두가 알았다. 그래서 "외교부에서 하기 싫어서 피하는 일을 우리가 왜 맡느냐?"며 내부에서 거부 움직임도 있었지만, 우여곡절 끝에 공보처로 넘어왔고, 이후 정부조직개편을 거치면서 국정홍보처로, 다시 문화체육관광부 해외문화홍보원으로 대통령 해외 순방의 공보 업무가 이관되었다. 주로 청와대 춘추관(현 대통령실 대외협력비서관실)과 해외언론비서관실(현 대통령실 해외홍보비서관실)의 행정관들과 협조해서 준비한다.

대통령 루마니아 국빈방문 수행 중, 2006

2004년 11월 칠레 APEC 행사에 참가했고, 2005년 5월 러시아 종전 60주년 행사, 2005년 9월 멕시코 행사, 2006년 3월 나이지리아 행사, 2006년 9월 루마니아 행사, 2007년 2월 스페인 행사, 2007년 7월 과테말라 행사 등 대통령의 해외 방문 시에 미주대륙의 멕시코에서 유럽으로, 다시 아프리카로, 또다시 유럽으로 바쁘게 돌아다닐 때는 대통령을 수행하던 청와대 출입기자들이 나에게 "미주대륙의 대통령 행사만 전담하는 것으로 알았는데… 동에서 번쩍, 서에서 번쩍, 홍길동도 아니고, 도대체 이 공보관의 나와바리(전담구역이라는 의미의 기자들 은어)는 어디까지냐? 그 체력이 부럽다."라는 농담을 던지기도 했다.

대통령 행사를 준비하게 되면 D-7일부터는 아주 바빠진다. 현장에서 챙겨야 할 일도 많고, 매일매일의 상황을 서울에 보고하면서 크로스 체크를 해나간다. 그러다가 D-2일부터 통상 3일 정도 진행되는 방문 행사가 끝날 때까지 약 5일 정도를 거의 잠을 자지 못해서, 파견 나온 직원들 대부분이 마지막 날에는 거의 축 널어진 파김치가 된다.

멕시코 근무를 마치기 1개월 전이었던 2007년 7월 1일부터 7월 5일까지 과테말라에서 개최되었던 제119차 IOC 총회에 우리 대통령이 참석했다. 우리 대통령이 오롯이 국제경기대회 유치만을 위해 외국을 방문하기는 그때가 처음이었다. 과테말라에서 대통령 방문 행사를 준비할 때도 체력적으로 많이 힘들었던 행사 중 하나로 기억된다. 바로 1년 전인 2006년 나이지리아 행사 준비할 때는 말라리아, 천둥과 번개, 현지 공무원들의 안이한 일처리 방식 등으로 힘들었지만, 과테말라 행사는 대통령이 계시는 5일 동안 잠을 거의 자지 못해서였다. 말이 쉬워서 5일이지, 수시로 변경되는 상황에 따라 대응하면서 긴장된 상태로 잠도 못 자면서 5일을 버티는 것이 쉽지 않다. 게다가 2014 동계올림픽 후보지였던 강원도 평창이 아쉽게 탈락해서 허탈감이 더 심했었다.

 우리가 프레스 센터를 설치한 메리어트 호텔에 뒤늦게 숙소를 구하지 못한 푸틴 대통령 등 러시아 대표단이 밀고 들어와서 자기들의 숙소로 정하는 바람에, 함께 있는 동안 무뚝뚝한 러시아 경호관들 때문에 여러모로 불편한 점도 많았었다. 하지만 모두들 하나의 목표, 평창 유치를 위해 현장에서 열심히 노력했고, 당시 강원도 출신 모 국회의원이 고생하는 우리들에게 고맙다면서 저녁마다 다금바리를 대접해 주면서 격려해 주던 기억도 난다. 한국에선 다금바리가 금값이지만, 과테말라에선 그렇지 않아서 평생 먹을 만큼의 양을 거기서 다 먹었다. 이것뿐만이 아니다. 각 국가별로 대통령 행사 지원을 위해 참여해서 힘껏 도와준 현지 유학생과 우리 동포 자녀 등 다양한 환경에서 성장한 우리 젊은이들과의 만남도 잊지 못할 추억이다.

대통령 전용기 '공군 2호기' 기내에서, 2008

여러 가지 일들이 많았다. 출국 하루 전 모든 공식 행사를 마치고 나서 마리아치와 함께 대통령 수행 기자들과 프레스 센터에서 노래하던 당시 반기문 외교통상부장관의 마이크 잡은 모습, 호주 수행 기자단은 태우지도 않고 이륙한 호주 폴 키팅 총리의 군용기를 대통령 경호차장의 도움으로 다시 광주 비행장에 착륙시켰던 순간, 청와대 본관에서 장시간의 비행으로 갑자기 정신을 잃어 쓰러진 미테랑 대통령을 에워싸면서 언론 노출을 피하려던 프랑스 경호관들의 민첩함을 목격하던 순간, 프랑스 TGV 세일즈를 위해 비공식 수행원으로 따라왔던 80년대 책받침 스타 소피 마르소에게 즉석 사진촬영을 요청하던 순간, 빌 클린턴 대통령 방한 때 예산절약에 목숨 걸었던 과장님으로 인해 숙박을 위한 룸을 예약하지 못하고 조선호텔의 추운 연회장 바닥에서 총각 동료 직원과 끌어안고 자야만 했던 사연, 그리고 기고문 'This is Nigeria'로 행사 담당자들의 어려움이 국내 언론에 소개되고 청와대와 외교부 관계자로부터 감사의 인사를 받은 일, 중국 쓰촨성 대지진 피해 현장을 깜짝 방문하는 우리 대통령을 영접하기 위해 중국 공안의 사살 위협(?)에도 불구하고 공항 활주로를 가로질렀던 순간 등이 기억난다. 무엇보다 나 혼자만의 비하인드 스토리를 간직할 수 있고, 또한 그 역사의 현장에 내가 있었다는 사실만으로도 가슴 벅차다.

| 끼어들기 |

힘들었지만 큰 보람… This is Nigeria

"정말 힘든 곳이었다…" 노 대통령의 나이지리아 방문 행사를 지원하기 위해 세계 각지에서 파견 나온 정부부처의 지원요원들이 행사를 마치고 임시로 귀국하는 비행기에 오르면서 이구동성으로 내뱉은 말이다. 지금껏 십수 차례의 대통령 해외 순방 행사를 준비해 본 경험이 있는 필자의 경우도 예외가 아니었다. 나이지리아는 하루 240만 배럴의 원유를 생산하는 아프리카 최대의 산유국이자, 1억 5,000만 명의 인구를 가진 사하라 사막 이남의 블랙 아프리카 최대 강국이다. 이러한 나이지리아를 자원 확보와 시장 개척 그리고 양국 간 새로운 협력관계를 구축하기 위해 1982년 전두환 대통령의 방문 이후 24년 만에 노무현 대통령이 방문한 것이다.

나이지리아 행정수도 아부자의 클린턴 빌리지 소년들, 2006

하지만 나이지리아는 아무 생각 없이 덜컥 올 수 있는 곳은 아닌 듯싶다. 입국 비자를 받아야 하는 것은 물론, 여러 가지 풍토병에 걸릴 위험이 높은 곳이기 때문이다. 유럽 공관에서 지원 나온 모 부처 직원은 현지 의료기관의 권고에 따라 황열병·간염 예방접종, 그리고 말라리아·뇌 수막염·장티푸스 예방약 복용 등 무려 7가지 처방을 받고서야 안심하고 나이지리아에 올 수 있었다고 한다.

아마도 대통령도 예외는 아니었을 것으로 짐작된다. 말라리아 모기가 대통령이라고 물지 않으리라는 보장이 없으니까.

필자도 황열병 예방접종 후 이틀간 감기몸살 기운으로 비몽사몽하면서, "왜 하필이면 내가 나이지리아 지원요원으로 결정되어서 이 고생을 해야 하나?" 하고 주위 사람들에게 불평을 쏟아내기도 했다. 하지만 노 대통령도 이런 모든 불편을 감수하며 천연자원의 보고이자, 거대한 잠재시장인 나이지리아를 방문할 결심을 했을 것이라는 생각이 드니 불평불만을 뒷주머니 속으로 꾸겨 넣을 수밖에. 행사 준비 기간 중 현지 공관원들이 최대의 쾌거로 꼽은 것은 "한국이 이번에 나이지리아의 유전 두 곳을 확보하는데, 노 대통령의 나이지리아 방문이 결정적인 역할을 했다."는 것이다. 당초 우리 한국 업체에 거의 기울어져 있던 나이지리아 유전 심해 탐사 광구 두 곳의 입찰이, 나이지리아에서 다양한 인적·경제적 네트워킹으로 큰 영향력을 행사하는 인도 업체가 중간에 끼어들어 더 높은 입찰가를 제시하며 아주 강력한 로비를 해서 두 곳의 유전을 잃어버릴 수도 있는 상황에 처했었다. 그러나 지난 연말 노 대통령의 나이지리아 방문이 결정되자, 나이지리아 대통령궁에서 "이번 유전 두 곳은 멀리 한국에서 대통령이 나이지리아를 방문하는 데 대한 선물로 결정된 것이니, 눈독 들이지 말라!"고 보이지 않는 경고(?)를 해 준 덕분에 우리가 건질 수 있었다고 한다. 대통령의 해외 정상외교 시 홍보파트를 담당하는 국정홍보처 소속 직원들은 사전에 행사지에 파견되어 수행기자단을 위한 프레스 센터 설치, 현지 언론대상 한국 소개, 주재국 공보관계자와 협조하여 행사별 풀 기자단의 취재를 지원하는 임무를 주로 수행한다. 이번 나이지리아 방문 행사의 경우 나이지리아 측의 불가피한 내부 사정으로 정상회담 일정이 D-3부터 변경될 조짐이 보이는 바람에 사전에 준비해 놓은 취재지원 계획과 차량 배차 계획을 D-1에 밤을 새우며 새로 짜는 법석을 떨었다. 행사 당일 대통령궁 출입문에서 기다리며 우리 수행기자단의 출입을 책임지겠다던 현지 공보비서가 약속을 어기는 바람에 우리 풀(Pool) 기자단이 사진촬영을 비롯한 나이지리아 측 경호의 엄한 출입 검측 조치를 받는 등 우여곡절을 겪었다. 나이지리아 공보비서가 갑작스러운 승진 시험 일정 변경으로 대통령궁 대신 시험장으로 가버렸기 때문이다. 또 나이지리아 언론을 대상으로 한국을 소개할 목적으로 상업 중심지인 '라고스(Lagos)'에 집중해 있는 현지 언론사를 방문하기 위해 할 수 없이 빈번한 비행기 추락 사고로 유명한 현지 로컬 항공기를 한 번도 아닌 두 번씩이나 왕복하면서 착륙 때까지 가슴 졸인 일, 70여 명에 이르는 기자단을 위한 수송용 대형 버스가 없어 '라고스'에서 급구해 15시간 동안 달려 행정수도 '아부자(Abuja)'로 이동시킨 일 등 하나하나 열거하면 끝이 없을 어려운 일들이 나이지리아에서는 많이 발생했다.

 나이지리아 체류 기간 중 가장 많이 들었던 표현 중의 하나인 '디스 이즈 나이지리아(This is Nigeria)'가 아직도 귓가에 맴도는 듯하다. 나이지리아에서의 어려움이나 돌발 상황이 발생할 때 혼자서 중얼거리며 불만을 토로하면, 옆에서 이야기를 듣던 주나이지리아대사관의 현지인 비서가 맞장구치며 하는 말은 바로 'This is Nigeria'였다. 그리고 행사를 준비하며, 현지인들에게 "이렇게 저렇게 해 달라."고 주문하고, 결과가 제대로 되지 않아 책임을 추궁이라도 할라치면 그들은 이구동성으로 'This is Nigeria'를 외쳤다. 나이지리아니까 너무 많은 걸 기대하지 말라는 의미다. 그래서 이런 'This is Nigeria'라는 변명이 절대 허용되지 않는 홍보 지원 요원의 가장 힘들고 신경이 많이 쓰이는 임무인 프레스 센터 설치(대통령을 수행하는 70여 명의 한국기자단이 작업을 할 수 있도록 200여 평의 공간에 각 기자실을 마련해 주는 작업으로, 가장 중요한 것은 유선전화와 인터넷 등 기사 송고를 위한 통신장비를 제대로 설치하는 것이다.) 작업을 위해 유선전화는 나이지리아 국영통신사(NITEL)를 통해 준비시켰고, 인터넷은 상업중심 도시인 '라고스'에 소재한 위성 인터넷 전문회사

(V-Sat)의 현지 직원을 행사지인 행정수도 '아부자'로 불러들여 설치작업을 진행시켰다. 하지만 D-1 난데없는 갑작스런 폭우로 나이지리아 국영통신사가 낙뢰를 맞아 숙소 호텔을 비롯한 인근 지역의 모든 국제전화가 행사기간 중 불통되는 황당한 일이 발생했다. 인터넷도 유선이 아닌 위성을 통한 서비스라 업로드 속도가 당초 예상보다 배 이상 떨어지고, 케이블 불량으로 중간에 서비스가 잠시 중단되는 최악의 상황이 벌어진 것이다. 우리 홍보 지원 요원들은 발에 땀이 나도록 이리저리 뛰어다니며, 전화와 인터넷 업체 직원들에게 "어떻게든 이 일을 빨리 해결해 달라. 뉴스 기사란 마감시간이 있어 타이밍을 놓치면 아무 소용이 없다. 만약 제대로 되지 않으면 대금을 지불하지 않겠다!"며 회유와 협박을 시도했지만, 이들 업체 직원들이 공통적으로 내뱉은 말은 다름 아닌 'This is Nigeria'였다. 예전 같으면 이런 상황에서는 기자단의 엄청난 불만이 쏟아져야 하는데, 일부를 제외하고 대부분의 기자들이 어떻게든 돌발 상황을 진화하려고 동분서주하는 홍보 지원 요원들에게 "너무 걱정하지 마라. This is Nigeria 아니냐?"면서 오히려 격려해 주는 이상한 상황이 발생했다. 마침내(?) 우리 기자단이 "한국을 출발할 때부터 나이지리아의 열악한 취재 환경에 대해 잘 알고 있었기 때문에 이 정도면 됐다."라는 아량을 보인 것이다.

행사 준비를 위한 업무상의 어려움 이외에도 환경 변화로 인한 신체리듬의 엇박자도 지원 요원들을 힘들게 했다. 나이지리아 체류 기간 내내 너 나 할 것 없이 지속되는 설사로 화장실을 하루에도 몇 번씩 가야 했지만, 수시로 발생하는 정전사태는 참기 어려운 폭염과 암흑이라는 고통을 더 하곤 했다. 말라리아 모기에게 물릴까 걱정 돼서 긴팔 복장을 하고, 에어컨도 되지 않는 좁고 컴컴한 화장실에 앉아 있는 모습을 상상해 보라. 이렇게 이번 나이지리아 행사는 그냥 'This is Nigeria'로 표현할 수밖에 없는 아주 힘든 곳이었다. "정말 나이지리아이기에 그럴 수밖에 없구나…"라는 말 이외에 나른 적당한 표현은 없는 것 같다. 하지만 행사를 마친 지금은 이러한 어려움 속에서도 남북한 구분도 제대로 못하던 나이지리아 사람들에게 다이내믹 코리아를 알리고, 이곳에서 한국의 기술과 자본이 나이지리아의 자원 및 인력과 잘 결합되어 상생의 한·나이지리아 관계가 될 수 있도록 기반을 조성하는데 미력하나마 우리 홍보 지원 요원들이 일조했다는 자부심으로 모든 고생스런 기억들이 'This is Nigeria'의 추억으로 남을 수 있을 것 같다. 아울러 지금은 나이지리아에서 무엇인가 제대로 되지 않을 때 내뱉는 'This is Nigeria'가 앞으로는 일이 제대로 되었을 때 하는 감탄으로 바뀌어서, 이번 노 대통령의 대 아프리카 자원외교를 계기로 향후 더욱 활성화될 것으로 예상되는 양국 간 경제협력의 현장에서 일할 한국 기업 관계자들이 우리 홍보 지원 요원과 같은 안타까운 경험을 더 이상은 겪지 않기를 기대해 본다.

(멕시코에 근무하던 기간 중에 나이지리아에 파견 갔던 경험을 토대로 대

통령 순방 행사의 어려움과 에피소드를 국민들에게 제대로 소개하라는 본부의 갑작스러운 지시를 받고, 행사를 마치고 멕시코행 비행기를 갈아타기 위해 경유지인 런던에 잠시 체류하던 도중에 급히 작성한 기고문이다. 국정브리핑 2006년 3월 23일자에 게재되었으며, 당시 외교통상부는 이 내용을 홈페이지 '뉴스레터' 섹션에서 인용했고, 조선일보와 연합뉴스 등 국내 언론에서도 비중 있게 인용 보도하였다.)

10. 2018 러시아 월드컵으로 더욱 가까워진 한국과 멕시코

지난 2018 러시아 월드컵에서 같은 조에 편성되었던 한국-멕시코-독일-스웨덴 4개국의 조별 리그 마지막 경기에서 한국이 강호 독일을 이겼던 6월 27일, 멕시코 전역은 한국 사랑으로 넘쳐났다는 국제뉴스가 CNN 등 외신을 통해 전 세계로 타전되었다. 비록 멕시코가 스웨덴에 패했지만, 한국이 독일을 꺾은 덕분에 운 좋게 멕시코가 16강에 진출하게 되었기 때문이다. 당시 필자는 모스크바에서 문재인 대통령의 러시아 방문을 수행하면서, 멕시코 응원단이 얼마나 기뻐하고 흥분했는지 두 눈으로 직접 목격할 수 있었다.

한편, 멕시코에서는 멕시코의 16강 진출에 기여한 한국에 감사를 표시하기 위해 시내 로마스 데 차풀테펙(Lomas de Chapultepec) 지역에 위치한 한국대사관에 수백 명의 멕시코 응원단이 몰려가 "한국 형제들, 당신들은 이미 멕시코 사람들이다.(Coreano, Hermano, ya eres mexicano)"라고 외쳤고, 멕시코 국회의장과 외교장관 등의 감사 편지와 테킬라(Tequila) 등이 한국대사관에 전달되었다. 내가 멕시코에 근무하던 기간에는 한국대사관 맞은편에 멕시코 하원의장의 자택이 있었다. 만약 아직도 하원의장이 그 집에 살고 있다면 그 당시 복날 즈음에 항상 현지 동물보호단체가 대사관 정문을 에워싸며 '개고기 식용 반대'를 외치면서 항의 시위를 하던 모습과 이 장면을 비교하며 어떤 반응을 보일지 궁금해진다.

한국에 감사를 표하기 위해 주멕대사관에 집결한 멕시코인들, 2018

| 끼어들기 |

미안합니다… 새로 도전해 갑시다!

　지난 1981년 바덴바덴에서 태극기가 휘날리던 감동 어린 장면이 26년 만인 2007년에 다시 이곳 중미 과테말라에서 2014 평창 동계올림픽으로 재현되길 우리 모두가 진심으로 기원했다. 우리 국민들과 함께 이곳 과테말라 국민들도 마음속으로 한국의 승전보를 기대했다. 과테말라의 경우, 우리는 대사를 비롯한 6명의 공관 직원들이 있어서 과테말라 정부 및 국민들과의 우호 친선관계를 돈독히 해 놓았지만, 러시아는 대사 대리 한 명만이, 오스트리아는 아예 대사관조차 없기 때문에 심정적으로 우리를 지지하는 과테말라 사람들이 훨씬 많았다고 볼 수 있다.

우리 기자단이 푸틴 대통령과 함께 머물렀던 매리엇 호텔 복도 대형 럭셔리 카펫, 2007

국제올림픽위원회(IOC) 조직위가 러시아 소치로 아쉬운 결정을 내린 후 과테말라 외교부의 의전장, 주한 과테말라 대사, 푸틴 대통령 수행단과 함께 우리 취재진이 함께 묵었던 메리어트(Marriott) 호텔의 총지배인 등 많은 현지인들도 안타까워하고 있다는 것을 마음속으로 느낄 수 있었다. 한승수 유치위원장, 김정길 대한올림픽위원회(KOC) 위원장, 김진선 강원도지사를 중심으로 하는 평창 동계올림픽 유치대표단. 과테말라를 방문하는 유치대표단을 돕기 위해 자발적으로 모인 과테말라 동포들로 구성된 유치지원단. 이건희, 박용성 등 두 명의 IOC 위원. 평창 유치를 위해 물심양면으로 지원을 아끼지 않았던 많은 우리 기업들. 평창 동계올림픽 유치를 지원하기 위해 지구의 반대편에 있는 현장까지 직접 달려간 노무현 대통령까지.

노무현 대통령은 과테말라 도착 둘째 날 1시간 10분 동안의 한-과테말라 정상회담 시간을 제외하곤 전 일정을 IOC 위원 면담 등 평창 농계올림픽 유치를 지원하는 일정으로 채웠디. 도착 셋째 날 국립극장에서 개최된 IOC 총회 개막식과 리셉션에서는 자리에 가만히 앉아 IOC 위원들을 접견하던 푸틴 대통령과는 달리, 노 대통령은 IOC 위원들을 직접 찾아다니며 평창 지지를 호소하는 득표전을 벌였다. 이미 4년 전 캐나다 밴쿠버로 인해 한 번의 실패 경험이 있는 우리로서는 각자 맡은 분야에서 식사시간을 줄이고 밤잠도 설쳐가며 막판까지 최선을 다했다. 하지만 결과는 아쉬웠다.

노 대통령은 권양숙 여사와 함께 숙소에서 TV를 통해 유치 실패 발표를 듣고 난 뒤 우리 유치위 대표단을 위로하기 위해 상황실이 있는 홀리데이 인(Holiday Inn) 호텔을 방문했다. 당시 호텔 정문 앞에 있던 300여 명의 과테말라 동포들과 한국에서 온 평창 서포터스들은 노 대통령의 모습이 보이자 아쉬움을 감추고, '대한민국'을 외치고 서로를 위로하는 의연한 모습을 보여 주었다. 서포터스로 보이는 40대 남성이 '대~한민국'을 선창하다가, 노 대통령 앞에 무릎을 꿇고 "죄송합니다."라고 했지만, 대통령은 말없이 가만히 손을 잡아 일으켰다. 홀리데이 인 호텔 3층에 위치한 상황실에 들어선 노 대통령은 유치단 직원들에게 일일이 "미안합니다."라고 했고, 직원들은 "정말로 수고하셨습니다."라고 답했다. 모두들 안타까움을 애써 숨기려는 미소뿐이었다. 권 여사는 교민들과 유치위 관계자들이 "힘내십시오!"라고 위로의 말을 꺼내자 끝내 눈물을 감추지 못했다.

과테말라 최대 일간지인 《프렌사 리브레(Prensa Libre)》의 스포츠 담당 가브리엘라 바르리오스(M. Gabriela Barrios) 기자가 7월 4일 이른 아침 김정길 KOC 위원장이 누구보다 먼저 IOC 총회장인 카미노 레알(Camino Real) 호텔 현관 앞에 나와, 투표를 위해 들어서는

IOC 위원들에게 악수를 청하며 지지를 호소하고 있는 모습을 목격하고 "뉴욕 타임스는 물론 과테말라 현지 언론에서도 IOC 실사에서 좋은 성적을 거둔 평창의 우세를 점치고 있음에도 불구하고, 오히려 한국 관계자가 러시아나 오스트리아 보다 더 부지런하게 득표 활동을 하는 것을 보니 기대해 볼 만하다."고 옆에 있던 한국 취재진에게 덕담을 건넸다는 이야기를 전해 들었다.

투표 2일 전 경쟁도시 소치의 흑색선전이 AP 등 외신에 보도되었을 때, 한승수 위원장 등 유치위 관계자들은 이러한 음해공작이 막판 득표에 영향을 미칠 것에 대비해 긴급 대책 회의를 개최했다. 저녁 8시에 시작된 이 회의는 새벽 3시경에 끝이 났지만, 회의 후에도 한 위원장은 혼자 남아 직접 IOC 앞으로 보낼 서한을 손질하는 등 모든 것을 손수 재점검하는 모습을 보여주어서 직원들에게 잔잔한 감동을 주었다.

유치대표단 중 프레젠테이션에 참가하는 김진선 강원 도지사 등 일부 인사는 밖에서의 IOC 개별 면담을 끝내고 밤늦은 시간에 숙소로 돌아와서는 바로 상황실에 들러 평창 유치를 위한 전략회의를 하고, 연이어서 또 IOC위원의 표심을 자극할 수 있는 1시간짜리 프레젠테이션 준비를 위해 별도의 사무실에서 거의 밤을 새웠다고 한다. 이들 프리젠터들은 과테말라에 도착한 6월 29일부터 발표 하루 전인 지난 7월 3일까지 4일 동안 총 8회에 걸쳐 리허설을 반복하는 등 인간으로서 할 수 있는 최선의 노력을 다했다고 전해진다.

소치가 확정되는 순간, 프레젠테이션 리허설을 직접 옆에서 지켜보았다는 한 유치대표단 관계자는 "프리젠터들의 준비 과정에서 단 한 번의 소홀함도 느낄 수가 없었다."고 리허설 관람 소감을 밝히고, "과테말라 도착 후 유치대표단 어느 누구도 하루에 3시간 이상 잠을 잔 적이 없을 정도로 모두들 최선을 다했는데…"라면서 망연자실한 표정을 지으며 눈물을 머금었다.

과테말라에는 지난 1980년대 초반 봉제업 진출을 계기로 많은 한인들이 이주한 이래 현재 약 1만여 명의 우리 동포가 정착해서 생활하고 있다. 이들 과테말라 동포들은 금년 1월 평창동계올림픽 유치지원단을 발족하여, 7월 4일 승전보를 국민들에게 전해주기 위해 과테말라를 방문할 우리 유치대표단과 동사모(동계올림픽을 사랑하는 모임)를 지원할 수 있는 자원봉사자를 모집하는 등 이른바 '과테말라 대첩'을 준비해 왔다. 이들 유치지원단에는 아저씨, 아주머니뿐 아니라 할머니와 고등학생을 포함하여 과테말라에 거주하는 모든 연령대의 동포분들이 참가했으며, 이들은 통역, 안내, 차량, 민박 지원과 자신들이 사용하던 핸드폰까지 무료로 유치대표단에 제공하는 풀 서비스를 제공했다. 너무나 정성 어린 과테말라 동포분들의 환대와 지원을 받은 유치대표단들은 7월 5일 헤어질 때 눈시울을 붉히기도 했다.

우리는 과테말라의 함성을 기다렸다. 그러나 소치의 막판 물량 공세와 IOC 위원 개개인의 이해관계에 의해 좌우되는 IOC 속성으로 인해, 오늘 그 함성을 듣지는 못했다. 하지만 과테말라에서의 유치활동 과정에서 보여 준 우리 유치대표단과 노 대통령의 노력, 그리고 과테말라 동포들의 뜨거운 열정과 단결력은 전 국민의 가슴에 영원히 남아있을 것이다.

노 대통령이 과테말라를 떠나기 직전 우리 동포들과 가진 간담자리에서 언급한 "모든 경쟁에는 패배가 있기 마련이며, 패배 속에서 새로운 지혜를 배우게 되고, 또 이런 지혜와 경험을 축적해 가며 새로운 도전을 해 나가는 것이 중요하다."는 말의 의미를 다시 한번 되새기게 된다.

(나는 운이 좋게도 내가 좋아하고 잘할 수 있는 일을 하면서, 가끔씩 역사의 현장에서 감격적인 순간을 목격할 수 있는 기회까지 덤으로 얻었다. 멕시코에 근무하던 2007년은 2월에 대통령의 스페인 방문, 7월에 대통령의 과테말라 IOC총회 참석을 지원한 후에, 8월에는 당초 28일부터 30일까지 평양에서 예정되었던 제2차 남북정상회담 준비를 위해 서울도 방문해야만 했다. 7개월 동안 3차례나 장기간 해외출장으로 사무실을 비워 두어야 해서 대사관 동료 직원들에게 미안함이 많았던 2007년이었다. 특히, 과테말라 출장은 필자가 참가한 대통령 해외순방 행사 중 행사기간이 가장 길었던 5일이나 지속되어 몸이 피곤했던 탓도 있지만, 무엇보다 모두가 최선을 다하며 마음 모아 기원했던 평창 동계올림픽 유치를 성사시키지 못한 안타까운 심정을 표현하기 위해 2007년 7월 6일자 국정브리핑에 기고한 글이다.)

4

문화예술로 만나는 멕시코

뭐 했니? 멕시코 5년
한류 현장 이야기와 문화예술로 만나는 이베로아메리카 II

4 문화예술로 만나는 멕시코

1. 지진과 함께

　멕시코 출신의 거장 알폰소 쿠아론 감독의 영화 〈로마(Roma)〉를 보면 음향이 워낙 뛰어나서 화면 속의 그 장소에 있는 것처럼 느껴진다.

　영화 속의 새소리를 듣고 바다 풍경을 보니 멕시코의 동쪽 해변도시 베라크루스(Veracuz)가 생각나고, 영화에서 떨어지는 우박은 10여 년 전의 멕시코시의 로마스 데 차풀테펙 지역의 우리 집 창문으로 우박이 우르르 떨어지는 것을 보고 있던 그때로 나를 불러다 놓았다. 순간적인 시공간의 착각이 일어났다.

태어나서 처음으로 보았던 얼음덩어리, 우박.

초등학교 1학년인 어린 딸 가현이를 놀라 울게 했던 천둥소리와 번개…

영화의 주인공 클레오가 산부인과에 가서 신생아실을 보고 있을 때 일어난 지진은 내가 멕시코에 도착해 겪은 지진을 떠오르게 했다.

영화에서 사람들이 벌벌 떨며 기도하지만 감독은 곧바로 장면 전환을 해 버린다. 어떤 고통과 공포를 겪는 현재의 삶이라 할지라도 바로 괴기시가 되는 것처럼…

2003년 1월 21일 멕시코시

멕시코에서 생애 처음으로 지진을 경험했다.

나는 저녁 준비를 하고 남편과 가현이 침대에 누워 장난을 치고 있었다.

현기증인 줄 알았다. 내 몸이 이리 허약해졌나? 2,000m가 넘는 고지에서 살다 보니 병이 생겼나? 파도가 심하게 출렁이는 배 위에 내가 간신히 서 있는 것 같았다.

몇 초가 흐르자 앗! 지진인 걸 알았다. 멕시코 소개서에서 읽었던 지진이 나에게 일어나는구나! 소스라쳤다.

지진이라고 소리 지르며 안방으로 뛰어 들어갔다. 난 집 열쇠만을 가지고 나왔지만 남편은 그 와중에 지갑을 챙겼다. 공포로 다른 아무것도 생각할 수 없게 된 난 오로지 지진으로부터 도망치고 싶은 충동뿐이었다.

고층 아파트라 그냥 내려가긴 너무 시간이 걸릴 것 같아 엘리베이터 타기까지 시도했다. 지진이 일어나면 절대로 엘리베이터를 타면 안 된다는 걸 알고 있었지만 건물이 붕괴할 경우 건물에 갇힐지도 모른다는 공포가 무모한 탈출을 시도하게 만들었다.

내가 살던 로마스 데 차풀테펙(Lomas de Chapultepec)지역의 40층짜리 건물 로마스 타워(Torre Lomas)에는 고속 엘레베이터가 설치되어 있고, 엘리베이터는 1초에 6.3m씩 이동한다.

공포의 포로가 된 내 뇌는 그 공포로부터 도망치고 싶다는 단 한 가지 생각에 사로잡혀 버렸다.

엘리베이터 문이 열려서 타려는 찰나에 옆집 주인 여자가 나오더니 "진정해. 지진은 다 끝났어!"라고 이야기해 주었지만 두려움에 떨던 나는 눈앞에서 내 귀로 직접 들으면서도 믿지 못했다. 폐쇄된 공간에 갇힐 수도 있다는 상상이 나를 못 견디게 만들었기 때문에 무조건 아파트 건물을 벗어나고 싶었다. 지진이 일어날 때마다 나에겐 삼풍백화점 붕괴사고 때 희생된 사람들이 고통스럽게 몰려든다. 삼풍 참사의 악몽이 융(Jung)의 '집단 무의식'처럼 나에게 고스란히 전가되었다.

지진을 자주 경험한 멕시코인이라 그런지 그 젊은 부인의 내공이 여간 아니었다. 말 그대로 침착했다.

반신반의하면서도 '휴…' 십년감수, 아니 백년감수했다. 이날의 지진은 1985년도 멕시코시 대지진과 2017년의 푸에블라(Puebla) 지진을 제외하곤 멕시코 역사상 가장 강했던 지진으로 지진의 진원지인 콜리마(Colima) 근처에서 29명의 사망자를 내었다.

아래위로 움직이는 지진은 당할 방도가 없어 몰살에 가까운 사상자 숫자가 기록되지만 그나마 좌우로 움직이는 지진이라 피해가 조금 적었다고 한다.

지진이 나면 내진 설계가 잘 되어있는 건물일수록 더 유연하게 지진과 함께 움직인다. 그 유연함으로 건물은 지진과 함께 흔들리며 건물이 부서지는 것을 막아준다. 그래서 그날 부엌에서의 나는 폭풍을 만난 배 안에 있는 사람처럼 중심 잡기가 힘들고 어지러웠던 것이다. 이날 지진의 강도는 리히터 7.5였으나 우리가 입주했던 건물은 1985년 멕시코 대지진을 겪고 1986년에 지어진 곳이라 내진 설계가 정교하게 잘 되어 있어서 끄떡없었다.

하지만 그날 이후로 나는 어떤 트라우마가 생겨 흔들림을 너무나 싫어하고 두려워하는 겁쟁이가 되었다. 한 번씩 멕시코시의 내 집에서 간간히 미세한 지진을 느꼈는데 그때마다 가슴이 서늘해져 왔다. 비행기도 난기류를 만나면 사정없이 흔들리기에 비행기 타기도 싫어져서 웬만하면 도로나 철도를 택하게 되었다.

몇 개월 전 어떤 부부와 식사를 하는데 남편 되는 분이 우리에게 "멕시코는 치안이 너무 위험해서 목숨 부지하기가 힘들다고 하는데 두 분은 어떻게 지금까지 살아남았냐?"고 하셨다.

하하하… 삶과 죽음은 신의 뜻이고, 백지 한 장 차이고, 동전의 양면 같다. 이렇게 아웅다웅하며 신경을 낭비하고 살지만 종국에는 삶과 죽음이 무슨 차이가 있으랴? 다시 멕시코에 갈 기회가 된다면 갈 것이다.

지진을 자주 겪으며 사는 일본인들이 벚꽃을 예찬하는 이유는 아등바등 몸부림치는 인생보다 깨끗하게 지는 무상함에 감동하기 때문이라고 한다.

멕시코시에 강도 높은 지진들이 발생하는 이유는 수백 년 전의 인간들의 탐욕과 관계가 깊다.

원래 멕시코시는 호수 위에 뜬 베네치아처럼 아름다운 섬이었고 교통수단은 배였다. 고향에서의 지긋지긋한 가난을 벗어던지고 한몫 잡고자 신세계로 달려온 스페인 정복자들은 처음 도착했을 때 경탄하고 찬미했던 그 아름다운 호수를 매립해 버렸다. 그러니 지반이 얼마나 불안정해졌을까?

지반을 젤리처럼 흐물흐물하게 만들어 멕시코시는 지진에 취약한 도시가 되어버린 것이다. 매립해 버린 이유는 경제적인 착취를 더 용이하게 하기 위해서였을 것이다. 신세계의 금은보화를 매립된 땅의 길을 통해서 효과적으로 나르고 정치적 통치를 효율적으로 하기 위해서 말이다.

결국 스페인 정복자들은 그들의 적이자 노예이며 이제는 후손이 되어버린 자들에게 고통을 떠맡긴 것이다. 작금의 화두가 되고 있는 '지속 가능한 성장'에 대해 심각하게 고려해야 되는 것은 이런 이유에서다. 잘 산다는 게 어떤 것인지도 재고해야 한다.
푸른 지구를 미래 세대에게 돌려주기 위해서 현세대의 욕심을 줄이고 미래 세대와 공생할 수 있는 용기와 결단이 필요한 시간이 온 것 같다. 이제 팽창의 시대가 가고 수축의 시대가 오지 않았나?

멕시코는 내진 설계에 관해서 역사가 깊다. 우리에게 휴양지로 유명한 칸쿤(Cancún) 근처의 치첸이사(Chichén Itzá)에 가면 마야 문명의 정수를 볼 수 있다. 여기에는 10~12세기에 건축한 24m 높이의 피라미드 엘 카스티요(El Castillo) 가 있는데 내진 설계에 강한 건축공법으로 지어졌다고 한다.

피라미드 엘 카스티요, 위키피디아

뱀의 피라미드라는 뜻의 쿠쿨칸 피라미드(Pyramid of Kukulkan)로도 불리는 '엘 카스티요'는 무덤으로 사용된 이집트 피라미드에 비하면 규모는 작지만 아주 정교하게 만들어졌다. 잉카나 마야문명 등 라틴아메리카에 산재한 피라미드는 제사를 위한 제단이다. 직사각형에 비해 밑은 넓고 위로 갈수록 점점 좁아지는 피라미드형이기에 지진으로 흔들릴 때 안정감이 있을 것이라는 것은 좁은 상식을 가진 나도 알 수 있다.

칸쿤에서 불과 차로 2시간 걸리기 때문에 칸쿤에 갈 기회가 있다면 후기 마야 문명의 상징이라 할 수 있는 치첸이사도 가 보실 것을 독자들께 권유 드린다. 칸쿤의 해변과 치첸이사의 유적들을 함께 본다면 여행의 완성도는 높아질 것이다.

2015년 9월 16일 부에노스아이레스

멕시코시에서 지진을 겪은 지 12년이 흐른 2015년 9월 16일 부에노스아이레스…

나는 어느새 40대 후반의 중년 여자가 되어 있다. 멕시코에서 초등학생이었던 아이는 어느덧 대학에 진학해서 내 품을 벗어났다.

오후 8시쯤 남편과 놀고 있는데 어지러워졌다.
부에노스아이레스는 사실 지진이 일어난 적도 없고 존재하지 않는다고 한다. 하지만 이게 뭐람? 다시 나의 어지럼증이 도진 것일까?

어지러워 중심을 못 잡을 것 같아 남편에게 "손 잡아달라!"고 부탁하니 남편이 "식탁 위 전등이 흔들린다"며 소리를 질렀다. 지진이다! 멕시코시에서 경험했던 나를 폭풍우 속의 여린 잎새처럼 살 떨리게 만드는 지진이다!!

책상 밑에 기어 들어갔으나 남편이 너무 심하게 흔들린다며 계단으로 내려가서 건물 밖으로 나가자 했다. 옷장에 있던 남편 잠바와 집 열쇠만 들고 밖으로 나왔다.

나가면서 얼마 전에 본 영화 국제시장의 대사가 생각났다. '내 자식이 나의 시대를 살지 않아 다행이다'

딸이 생각났다. 딸이 여기 없는 게 천만다행이라 느꼈다. 영국은 지진이 없지…

밖에는 사람들이 웅성대며 서 있었다.

남편은 쌀쌀한 기운이 가시지 않은 초봄에 경황이 없어 짧은 파자마 바지를 입고 있어 몰골이 우스웠으나 아무도 관심을 기울이지 않았다. 9월은 한국에선 가을이지만 지구 반대편 아르헨티나는 봄이다. 모여있는 사람들에게 물어보니 칠레에서 지진이 발생했다고 한다. 이곳에서 6년을 넘기니 이런 상황까지 경험하게 되는구나…

칠레 산티아고 북북서쪽 229km에 위치한 이야펠(Illapel) 근처에서 규모 8.3의 해저지진이 일어나 그 여파로 부에노스아이레스의 우리 집 전등까지 흔들렸던 것이다. 이 지진은 먼 나라 일본까지 영향을 미쳐 일본 도호쿠 해안지역에 약 0.8m의 지진해일이 내습하였다. 칠레와 일본의 거리는 1만 킬로는 족히 넘을 것인데 지진의 파급력이 엄청나다. 칠레는 생지옥이겠구나…

후일 전해 들은 이야기로 이때 수도 산티아고 데 칠레(Santiago de Chile)의 한국 지상사 주재원 부인 하나가 너무 충격을 받아 바로 짐을 싸서 한국으로 돌아갔다고 한다. 주위 부인들이 극구 만류했지만 아무 소용이 없었다고 했다. 나도 그랬을 것 같다. 지진으로 전등갓이 흔들리는 것만 보아도 견딜 수가 없었는데 건물이 무너지는 걸 보고도 해외에서 계속 살 수 있다면 정말 큰 담력과 용기를 가진 사람들일 것 같다. 아니면 '죽음과 삶이 하나'라는 단단한 믿음을 가질 수 있든지…

칠레는 지진으로 인해 정권이 수차례나 바뀌었다.

1646년 칠레의 산티아고를 배경으로 하인리히 폰 클라이스트가 쓴 『칠레의 지진』이란 소설도 있다. 지진이 나자 산티아고 주민들이 간통을 저지른 두 사람에게 그 탓을 돌려 그들을 때려죽인다는 것이 줄거리다. 집단 불행의 원인을 말도 안 되는 데서 찾는 어리석은 인간들이지만 이것이 우리들의 본모습일 수도 있을지 모른다고 생각하니 오싹하다. 어쩌면 재앙보다 그 재앙이 빚어내는 인간들끼리의 불신과 증오가 더 무서울지도…

실제로 옛 유럽의 가톨릭 국가에서는 지진을 신의 분노라고 해석해서 1755년 리스본 지진이 났을 때 종교재판을 해서 이교도들을 화형식에 처했다. 국가가 위기에 처하면 우리와는 다른 사람들을 희생양으로 삼게 되는 것이 슬픈 역사적 사실이다. 다 무지몽매함에서 비롯되었다는 건 대부분이 인정하겠지만 앞으로의 세계는 자기 영토에 들어온 타민족을 얼마나 끌어안을까?

한 가지 신기한 것은 강아지를 데리고 평화롭게 산책하는 행인들에게 "지진이 너무 무서웠지요?" 하고 물으니 아무도 지진을 못 느꼈단다. 우리 집이 7층이라 그 정도 높이에서는 지진을 쉽게 느낄 수 있고 낮아질수록 잘 느끼지 못하는 것 같았다. 건물 안에 있던 아파트 입주민들은 다들 놀라 뛰쳐나왔는데 땅을 밟으며 산책하던 사람들은 못 느꼈다는 것이다. 진원지가 먼 곳의 지진은 어느 정도 높이가 되어야지만 느껴지는가 보다. 찾아보니 지진의 진앙지 이야펠에서 부에노스아이레스의 거리는 1,569km 정도다. 이 거리를 뚫고 지진이 나에게 오다니 자연의 광폭한 힘이라는 게 실로 무시무시하다.

무서워 집으로 돌아가지 못하고 우리 집 앞의 주유 휴게소인 YPF에 가서 앉아 있다가 한 30여 분이 흘렀을까? 상황이 종료되고 집으로 들어갔나. 집에 놀아오니 부엌에 있던 가벼운 액자 하나가 떨어져 있었다.

부에노스아이레스의 우리 집 부엌에 떨어진 수박 그림

2016년 9월 12일 세종

오후 8시 32분 경주에서 5.8의 지진이 발생했다. 이때의 지진은 한국에서 발생한 지진 중 가장 강력했다고 한다. 여진만 91차례 이상이었다. 세종시에서 혼자 아파트에 있던 나는 놀라서 밖으로 나와 배회했다. 이날 KTX열차 38대는 일부 구간에서 긴급 정지를 했다.

이제 지진이 나를 한국까지 따라오나? 전문가들은 한반도에서 일어날 수 있는 최대 지진은 규모 6.5-7.0이라고 한다.

2016년 9월 19일 서울의 하우스 콘서트

그날 피아니스트 김선욱이 치는 베토벤 「함머클라비어 소나타」를 듣고 있었다. 또 시작이다. 방바닥에 앉아 들어서 그런지 또 진동이 느껴진다.
남들은 못 느끼는데 나만 너무 심하게 느끼는 것 같아 괴롭다. 왜 무뎌지기는커녕 점점 소심해지는가?

일주일 전 경주에 지진이 나서 이날 여진으로 흔들린 것이다.

죽을 수 있다는 공포… 세계란 빨간 장미꽃이 검게 시들어 타 들어 버릴 수 있다는 두려움…

죽음이 가까이 내 속으로 들어올 때 「함머클라비어」를 듣고 죽는다면 조금이나마 위안을 느낄 수 있을까? 한국도 더 이상 지진의 안전지대는 되지 못하는 것 같다. 세상은 연결되어 있고 사람들도 연결되어 있어 지구상의 다른 쪽에 사는 사람들의 불행이 나비 효과처럼 나에게 전해져 나에게도 불행을 안겨줄지 모른다.

지진은 판이 충돌하기 때문에 일어난다고 하는데 아메리카 대륙과 일본 등을 잇는 태평양판은 지각판들 중 가장 크고 유라시아판이나 인도판, 호주판 등과 부딪힐 수 있다고 한다. 충돌하게 되면 일명 '불의 고리'라 불리는 환태평양 조산대인 태평양판 가장자리에 위치한 국가들의 피해가 가장 크다. 불의 고리에서 전 세계 지진의 80-90%가 발생한다. 멕시코, 미국, 칠레 그리고 일본 등이 이들 국가에 속한다.

세종시에 살던 2017년 멕시코 푸에블라(Puebla) 지진 소식을 들었다. 고층건물들이 많이 붕괴되었다. 이 지진은 수백 명의 사상자를 내었는데 부패가 만연해 건설 비용을 절감하기 위해 지진 규제를 철저히 지키지 않아 피해가 더 심각해졌다. 자연재해에다 인재까지 합치게 되면 사상자 숫자는 더 늘어나게 된다. 멕시코 대통령 로페스 오브라도르는 이 지진의 피해 복구를 2020년 말까지 마칠 계획이고 부실 공사로 피해를 키운 건설업자들에 대해 엄격하게 처벌하겠다고 강조했다.

한 가지 놀라운 의외의 사실은 멕시코는 절대 빈곤율이 높고 지진과 공존하며 살아가야 하는데도 국민행복도 조사에서 세계 24번째를 기록하는 반면 한국은 57번째이다.

왜 그럴까? 한국은 부모들이 어릴 때부터 자식의 존재 그대로를 받아들여 행복해지는 법을 가르치지 않고 성적이 좋아야지, 직장을 잘 잡아야지, 돈이 많아야지만 행복하다는 메시지를 끊임없이 던지며 양육을 하는 바람에 어른이 되고 나서도 스스로 비교의 잣대를 들이대며 불행에 빠지기 쉽다. 이런 성인들이 모여 자살률이 높고 불행한 나라가 되는 것 같다.

2020년 4월 16일 오늘 또 다른 자연 재해인 코로나 바이러스 때문에 나는 마드리드(Madrid)서 집 안에 갇혀 있고, 언제까지 이렇게 살아야 하나 생각하면 갑갑해진다.
하지만 삶은 끝없는 축복이다.
이런 생각을 하며 잠 못 이루는 밤… 잠든 남편의 평온한 얼굴이

나와 함께 있다.

생에 감사드린다. ¡Gracias a la vida!

로마 시대에 조각한 폭풍과 지진의 신 넵튠, 스페인 프라도 미술관

2. 영원히 잊혀진다는 것은…

〈코코(Coco)〉라는 제목의 멕시코의 '죽은 자들의 날'(Día de Muertos) 축제를 다룬 영화를 보았다.

이 놀라운 애니메이션은 멕시코에 살았던 날들을 향수 가득한 그리움으로 바라보게 하였다. 나에게 멕시코살이가 현실이었다면 이 영화는 그 현실에 '가족애'라는 따뜻함을 가득 채웠다.

1년에 단 하루 저승의 굳게 잠긴 문은 이승을 향해 활짝 열린다. 저승의 사자들은 이승에서의 가족들, 친구들과의 행복한 축제를 꿈꾸며 너무나 들떠서 문을 통과한다.

여기엔 단 한 가지의 조건이 붙는다.

이승에 있는 사람들이 죽은 자의 사진을 제사상에 놓고 제사를 지내주어야 한다는 것이다. 이 한 가지 조건이 충족되지 않으면 예외란 전혀 없어서 어떤 수단과 방법을 써서도 절대로 이승으로 갈 수가 없다.

아무도 자기 사진을 올려주지 않은 죽은 혼령은 어깨가 축 처지고 낙담할 수밖에 없다. 자기가 세상에 살 때 사랑했던 사람들을 볼 수 있는 유일한 기회를 잃기 때문이다.

한 가지 안타까운 것은 지상에서 쌓은 공덕뿐 아니라 명성도 그대로 저승으로 이어진다는 것이다.

유명한 대중가수가 죽게 되면 그는 저승에 가서도 이승에서의 유명세로 인해 부유함을 쌓고 호화롭게 살고, 죽은 자의 날에는 이승에서의 그를 기억하는 헤아릴 수 없는 팬들로 인해 최고의 대접을 받게 된다.

지상에서의 부의 대물림에 관해서도 비판이 많은데 물론 영화적 상상의 결과물이지만 죽은 후에도 빈자는 빈자로, 부자는 부자로 살아야 된다고 하니 씁쓸해진다.

만약 지상에서 아무도 그를 기억하는 자가 없다면 저승에서의 삶조차도 종말을 고하고 자취도 없이 사라지게 된다.

멕시코의 '죽은 자들의 날'은 11월 1-2일이다. 1일은 어릴 적 죽은 영혼들을 초대하는 날이고 2일은 어른 귀신들을 초대하는 날이다. 묘지가 가까운 경우는 묘지를 장식하고 묘지가 먼 경우는 집에 제단을 만든다. 제단을 만든다고 해서 특별한 건 없다. 멕시코 살 때 옆집에 가 보니 탁자에는 사진들과 해골 모양의 초콜릿이 있었고 취향껏 장식을 해 놓았다. 한국의 제사상처럼 규칙이 있는 것이 아니고 엿장수 마음대로 스타일이다.

나의 이탈리아 친구 수젯(Susette)이 만든 제단

이 제단에는 물, 소금, 설탕, 죽은 자를 위한 빵, 음료, 과일, 촛불, 향, 설탕으로 만든 해골 등이 놓이는데, 어릴 때 죽은 귀신을 위해서는 장난감을 놓아둔다. 셈파수칠(Cempasúchil)이라는 메리골드 꽃과 비슷하게 생긴 향기 나는 멕시코 전통 꽃도 꽃잎 하나하나를 떼어 흩어 놓거나 제단에 올려놓는다. 이 노란 꽃에서 나는 향기가 죽은 자들을 이끌어 안내한다.

'죽은 자들의 날'을 위한 제사상

제단에는 구대륙과 신대륙의 종교적 혼합이 이루어진다. 촛불은 스페인이 아메리카를 정복한 후 스페인서 들여왔고 향과 셈 파수칠은 멕시코의 인디오들이 사용하던 것이다.

빵은 예수님의 몸을 상징하므로 상차림의 중요한 요소이다. 소금을 제사상에 올리는 이유는 소금을 먹으면 몸이 부패되지 않아 다음 해에 돌아올 수 있다고 믿기 때문이다. 촛불의 수는 제사에서 받아들일 수 있는 혼령의 수이다. 만약 촛불을 3개 꽂아 놓았다면 세 명의 죽은 자가 와서 먹고, 마시고, 쉬고, 실컷 즐길 수 있다. 향을 피우는 이유는 향냄새가 나쁜 악귀를 몰아내어 죽은 자가 아무 위험 없이 제사상에 올 수 있게 하기 위해서다.

원래 아즈텍 문화에서는 '죽은 자들의 날'은 8월에 있었는데 스페인의 정복 후 가톨릭 문화에서 11월 1일이 '성인들의 날'이라 문화가 혼합되어 11월 1일과 2일로 바뀌었다. 정복 전 '죽은 자들의 날'이 8월이었던 이유는 그 달이 풍성한 수확이 이루어지는 달이라 저승으로 간 죽은 자들을 초대해 풍성하게 먹이겠다는 것이다.

멕시코의 '죽은 자들의 날'은 산 자와 죽은 자와의 연결고리이자 통로이다. '죽은 자들의 날'은 아즈텍, 마야, 나우아, 토토나카 시대부터 존재했었다.

아즈텍 신화에 따르면 사람이 죽게 되면 영원한 휴식이나 부활을 얻기 위해 이름하여 믹틀란(Mictlán)이라는 왕과 카트리나(Catrina) 왕비가 지키고 있는 '죽은 자들의 길'을 가야 하는데 이 길은 길고 고통스럽다. 이 '죽은 자들의 길'은 우리의 연옥 격이다. 길을 걷는 1년 동안은 먹을 음식이 없어, 굶주리며 가야 하기에 스페인 정복 전 시대에는 죽은 자를 매장할 때 긴 여행을 위해 필요한 물건들을 넣어주었다. 산 자들은 극단적인 고생을 하는 죽은 자들을 위해 이승의 '죽은 자들의 날'에 불러들여 푸짐한 음식과 함께 노고도 달래주며, 파티를 벌이는 것이다. '죽은 자들의 날' 행사에는 흥겨움을 돋우기 위해 마리아치 음악을 연주하며 테킬라를 마신다.

멕시코의 '죽은 자들의 날'은 유네스코 무형문화유산으로 지정되었고, 현대에 와서는 10월 31일의 할로윈 축제와 결합해 신 축제가 되었다.

멕시코의 '죽은 자들의 날'과 한국의 제사문화를 가르는 가장 큰 차이점을 들라면 엄숙주의를 꼽겠다.

한국의 제사는 유교적 영향으로 죽은 자는 윗사람이 되고 제사를 지내는 사람은 아랫사람이 되어 제사를 절차에 따라 진행하며 사자를 받들어 모시고 절한다. 그에 반해 멕시코 제사는 **평등**이고 죽은 자와 산자는 절친이 되어 신나게 즐긴다. 한국의 제사는 죽은 자와 산 자 간에 선명한 금을 그어 놓았지만, 멕시코 제사 문화는 그 경계가 와라락 허물어지고 축제가 되는 것이다.

한국의 제사는 혈육인 조상님들에게만 바치지만, 멕시코의 제사는 자유롭게 누구든지 자기가 기억하고 싶은 어떤 죽은 자라도 초대할 수 있다.

한국의 제사 문화는 조상들에게 식음료만 제공해 주지만, 멕시코 제사 문화는 귀신들에게 이승에 와서 하루 동안 신나게 즐길 기회까지 준다.

내가 귀신이라면 당연히 멕시코 귀신이 될 것 같다.^^

한국의 제사문화가 남성 중심의 공고한 봉건주의를 수호하고 여성 노동력의 억압과 착취의 상징이었다면, 멕시코의 '죽은 자들의 날'은 빈부귀천의 경계를 깨고 신나게 노는 날이다.

한국의 제삿날이 살아있는 남자들, 그중에서도 양반 가문의 남성들이 이승에서의 지배를 공고하게 쌓기 위한 날이었다면, 멕시코 제삿날은 남녀노소 모두를 위한 날인 것이다. 그러기에 이런 축제에 일상을 잊는 무한한 몰입도를 선사하는 신나는 가장행렬이 빠질 수 없다.

2017년 9월에 지진으로 인해 500명 이상의 사상자를 낸 멕시코는 '죽은 자들의 날'이 돌아오자 7km에 달하는 엄청난 규모의 가장행렬을 선보인다. 순수한 자원봉사자만 천오백 명이었다.

추모하고 슬픔에 젖어야지 웬 가장행렬이냐고? 비통함을 잊기 위해 신명 나게 노는 축제가 필요하다.

지진 때 엄청난 규모의 경제적 피해를 보았는데 그렇게 많은 돈을 가장행렬에 쏟아부으면 어떡하냐고?

당장의 경기 부양책보다는 국민적 사기가 중요하다. 신나게 죽은 자들과 한 덩어리가 되어 함께 놀아야 삶과 죽음이 초월적인 하나라는 것을 느낄 것이다. 그래야지 사랑하는 사람들과의 이별의 슬픔을 딛고 일어나 각자의 일상을 열심히 살 힘을 얻을 것이다.

축제가 불을 붙여야지 지역 상권이 활성화되고, 경제가 살아난다. 죽은 자들이 산 자를 살린다.

멕시코시티의 '죽은 자들의 날' 가장행렬, 《엘 우니베르살》

옥타비오 파스(Octavio Paz)는 이렇게 이야기한다. "부유한 국가에선 축제를 즐길 여유나 정서가 없다. 가난한 멕시코인이 삶의 곤궁함과 비참함을 일 년에 두세 번씩 축제를 통해 풀지 않는다면 어떻게 살아가겠는가?" 축제는 일종의 투자며, 이를 통해 활력과 건강과 삶을 얻는다.

축제는 파괴이자 재생이다. 지진으로 일어난 파괴를 축제로 받아들여 한껏 신나게 즐기며 재생과 재창조로 순환시켜야 한다. 파괴가 재생과 부활로 되는 변환과 반전이 축제다.

축제와 혁명도 닮았다. 축제와 혁명이 진행되는 순간 위계질서는 무너진다. 축제는 재미삼아 질서를 무너뜨리고 혁명은 힘으로 질서를 전복시킨다. 멕시코의 콜리마에서는 혁명과 내전 중에도 '죽은 자들의 날' 축제는 한 번도 빠진 적이 없었다고 한다.

기억한다는 것은 어쩌면 존재 그 자체보다 더 끈질길 것이다. 물질로서의 존재가 사라진다 할지라도 기억하는 사람들의 뇌 속에서는 존재 자체가 영속적일 수 있다.
내가 제일 싫어하는 속담은 '눈에서 사라지면 마음도 멀어진다'이다. 신체적인 거리가 누군가와의 관계를 정립할 수 있는 것이 아니고 인간관계는 '기억'에 있다고 믿는다.

얼마 전 마드리드의 티센 보르네미사 미술관에서 르네 마그리트 (René Magritte)의 그림을 보았다.

깨어진 창은 그가 평소에 보아 왔던 푸른 풍경을 그대로 간직하고 있다. 이제 창은 자기의 투명한 몸으로 푸른 나무들을 바라볼 수 없는 불구의 몸이 되었지만. 푸른 나무들에 대한 기억과 추억은 더 생생해졌고 사랑은 더 커졌다. 푸른 나무들과 창문과의 일상적 관계는 와장창 깨어졌지만 깨진 창문에게 초록색 나무들은 더 소중해졌고, 자기의 모든 존재가 되어 버렸다. 죽음과 삶이 혼합되어 기억 속에 머무른다.

죽은 후에도 누군가 당신을 기억해 준다면 당신은 정말로 죽은 것일까?

3. 아즈텍 제국은 왜 그리 쉽게 무너졌나?

스페인인들은 본국에서 이슬람으로부터 잃어버린 땅을 회복한 뒤 1492년부터 시작해 300년간 아메리카 대륙 중에서 가장 풍요롭고 자족적인 땅들을 점령했었다. 정복 무렵 아메리카 대륙에서 가장 중요했던 제국들은 잉카, 마야 그리고 아즈텍이었다. 아메리카 대륙의 80%는 잉여 자원이 많았던 곳이 아니었기에 정복에서 제외되었다.

정복은 매우 폭력적이라 정복된 지역의 인구는 1~10% 정도밖에 살아남지 못했다. 스페인인들은 '사랑'을 모토로 삼는 가톨릭을 앞세우며 아메리카 대륙에 왔지만 실상은 참혹했다.

페루 출신의 노벨문학상 수상자인 바르가스 요사(Mario Vargas Llosa)는 "스페인 덕에 아메리카 대륙이 서양문명의 한 부분이 되었다"고 말한다.

이 발언은 아메리카 대륙의 열등성을 인정하는 것인데 맞을 수도 있지만 틀린 말일 수도 있다. 정복 당시 농업과 조제약 분야에 있어서는 아메리카 대륙이 유럽을 앞질렀다고 한다.

수 세기 동안 지금의 멕시코 지역엔 여러 부족들이 나타났다 사라졌다를 반복했다. 기원전 올메카족부터 시작해 떼오띠우칸 문명, 마야 문명 등의 여러 발달된 문명이 사라졌다.

스페인 정복 전 마지막 제국이었던 아즈텍 제국은 원래 지금의 멕시코시 지역 부근에 국한되었다. 아즈텍 제국은 강성했으므로 그들에게 공물을 바치는 부족국가들은 지금의 멕시코와 중앙아메리카 북서부를 포함하는 메소 아메리카(Mesoamerica) 지역까지 넓게 퍼져 있었다.

'물 부족 국가'가 되어버린 현재의 상황과는 달리 아즈텍 제국은 베네치아처럼 호수 위에 뜬 테노치티틀란이란 수상 도시였다. 매우 아름다웠다고 힌다.

디에고 리베라, 「테노치티틀란」

도착했을 때 스페인 정복자들은 아즈텍 제국의 세련된 문명을 발견하고 큰 충격과 놀라움에 휩싸였다. 아즈텍인들은 상형문자가 있었고 달력을 사용했다.

멕시코 출신의 노벨 문학상 수상자인 시인 옥타비오 파스는 16세기가 시작될 무렵의 메소 아메리카는 헬레니즘 세계와 비교될 수 있다고 한다. 그리스 문화의 지배에 의해 헬레니즘 세계가 문화적 통일을 이루었다면 아즈텍 제국의 강대한 힘 덕분으로 메소 아메리카는 서로 분열되어 있으면서도 옥수수 경작, 인신 공양, 태양 신화 등의 요소를 공유하며 문화적으로 통일되었다고 볼 수 있다. 아즈텍 문명은 확장되며 메소 아메리카의 전 지역을 지배하게 되었다.

스페인인들은 테노치티틀란의 호수를 메워 땅으로 바꾸었다. 그 영향으로 멕시코시 지반이 조금씩 가라앉고 지진에 취약한 도시가 되었다. 그리고 그들은 아즈텍 제국의 신전을 파괴하고 그 위에 가톨릭 교회를 세웠다. 다신교였던 원주민의 종교를 부정하고 자기들의 종교인 가톨릭을 강제했다.

스페인에서 온 정복자 에르난 코르테스(Hernán Cortés)는 아즈텍 제국의 수도 테노치티틀란을 본 순간 스페인에서 멀리 떨어진 곳에 있는 문명화된 제국을 접해 큰 놀라움을 표현했고, 로

마보다 더 인상적이었다고 말했다고 한다.

아즈텍 제국의 시장 규모가 스페인 살라망카(Salamanca)의 2배가 되고, 세비야(Sevilla) 대성당보다 훨씬 높은 아즈텍 제국의 제단의 탑을 보고 코르테스는 놀라움을 금치 못했을 것이다. 아즈텍의 수도 테노치티틀란의 인구가 30만이었는데 당시 프랑수아 1세 치하의 잘 나간다는 파리도 15만이었다고 하니 아즈텍 제국이 얼마나 부유하고 번영한 국가인지 알 수 있다.

이렇듯 강성했고 주변 국가들을 복속시켰던 아즈텍 제국이 결국 400~900명 정도의 스페인 군사력에 밀려 무너지게 되었다면 믿을 수 있을지?

그들은 결국 에르난 코르테스에게 굴복했는데 코르테스는 지금의 정규군에 소속된 장군 개념과는 많이 다르다. 스페인 왕실의 명령을 받아서 움직이는 게 아니고 독립된 군대를 거느린, 즉 사조직을 거느린 개인이 신대륙에서 금은보화를 탈취해서 스페인 국왕과 이익을 나누어 가지며 동업을 하는 것이었다.

본국 스페인에서 무일푼으로 성공을 꿈꿨던 사람들, 삶에서 막다른 골목에 다다른 이들이 고생길을 마다 않고 신대륙으로 간 것이다.

코르테스는 스페인의 가장 가난하고 척박한 엑스트레마두라(Extremadura) 지방 출신으로 황금과 명예를 찾아 지금의 멕시코인 누에바 에스파냐에 왔다. 에르난 코르테스를 지금의 직업군에 대입시켜 본다면 미래가 물음표로 가득 찬 가상화폐에 경제적 삶을 건 전업 투자자 정도 될까?

에르난 코르테스, 그는 어떻게 얼마 안 되는 군사들로 주변 정세도 모른 채 아즈텍족을 복속시켰단 말인가?

가장 큰 원인은 무기 등의 기술 문명의 차이가 빚어낸 결과일 것이다. 스페인인들은 그 당시 강철을 재료로 해서 만든 갑옷, 투구를 비롯해 대포를 갖추고 있었다.

그 다음 원인으로는 아즈텍족이 스스로의 신화와 미신에 걸려들어 제 손으로 자기 발등을 내리친 것이다.

아즈텍 부족의 전설엔 흰 수염을 기른 케찰코아틀(깃털달린 뱀이라는 뜻)이라는 신이 상상 속의 동물을 타고 아즈텍 달력이 정해진 해에 세상을 멸망시키러 온다는 예언이 있었다. 아즈텍 신화 속의 케찰코아틀은 옥수수 알갱이를 발견해서 인간들에게 선물한 신으로 인간과 농업의 창조자로서 창조의 총체이자 최고신이다.

케찰코아틀이 세상을 멸망시키러 온다는 바로 그 예언의 해인 1519년에 코르테스는 흰 수염을 기르고 말을 타고 턱하니 그들 앞에 나타난 것이다. 당시 아즈텍 제국에는 말이 없었기에 그들은 말을 보자 그들이 우러르는 신인 케찰코아틀이 타는 동물이라고 상상할 수밖에 없었다. 하늘에서 내려온 신이라 철석같이 믿었기에 보자마자 전의를 상실하고 모든 걸 내어 줄 수밖에…

신화에 대한 믿음이 너무 강했기에 제대로 사실 파악이 되지 않았고 '의심하고 또 의심하라'는 불변의 진리는 그들에겐 옆집 개 짖는 소리로밖에 들리지 않았다. 아즈텍의 왕 목테수마 2세(Moctezuma II)는 동족과 이웃에겐 가혹하고 잔인했으나 스페인 인들에겐 넋 나간 사람처럼 환대를 베풀며 금은보화를 갖다 바치고 굽실거렸다. 목테수마 2세는 스페인 사람들의 도착을 외부 세력의 침입이라고 보지 않고 '우주적 순환 속에서 한 주기가 끝나고 새로운 시대가 도래하는 것'이라 해석했다고 옥타비오 파스는 이야기한다. 그리고 인간에게 내재되어 있는 '죽음의 본능'이 승리했기에 이런 판단을 내렸다고 한다.

오랫동안 아즈텍인들에게 전해 내려온 이야기를 믿는 것은 패망의 길을 앞당기는 패착일 뿐이었다.

전설이나 미신을 현대의 사회적 통념이나 고정관념과 환치를 해 보면 다음과 같은 생각이 든다. 통념이나 고정관념을 뒤집어 볼 줄 모르고 거기에 맹목적으로 사로잡힌 사회는 혁신이나 변혁이 갈수록 힘들어져 스스로가 서서히 망하는 길로 가게 될 것이라는…

세 번째는 타 부족의 전쟁 포로들을 인신공양의 제물로 바쳐 미움을 받았기 때문이다. 스페인 정복자들의 도착은 아즈텍인들에게 복속당했던 부족들에게는 '해방'을 뜻했다. 테노치티틀란이 함락될 때 틀락스칼텍을 비롯한 다른 부족들은 스페인 정복자들과 연합하거나 방관했다고 옥타비오 파스는 이야기한다. 아즈텍 신화에 따르면 세상을 유지시키려면 끊임없는 희생, 즉 인신공양이 필요하다. 1년에 2만 명의 사람들이 인신공양으로 희생되었다. 인신공양에 필요한 포로들을 확보하는 전쟁은 '꽃 전쟁'이라 불렸다.

인신공양에서 산 사람의 심장을 꺼내는 것을 본 스페인인들은 아즈텍인들을 야만족들로 치부하며 정복의 당위성을 주장했다.

인신공양뿐 아니라 아즈텍 제국은 주변 국가들에게 식량, 의류, 귀금속, 동물 등을 공물로 받았다. 아즈텍은 제정일치의 사회로서 1년 내내 호화스러운 제식이 열렸기에 충당할 비용이 많이 필요했다.

메소아메리카 지역에 산재한 여러 부족의 아즈텍족에 대한 원한과 분노를 이용하여 스페인은 아즈텍 제국 정복에 성공할 수 있었던 것이다. 아즈텍과 싸운 스페인 군사는 기껏해야 9백 명이지만 스페인군과 연합해 그들을 도와주고 아즈텍을 적으로 삼는 중앙아메리카 부족들은 15만 명에 달했다고 전해진다.

아즈텍이 무너지는 날 자기들도 곧 같은 처지로 전락하리라는 것을 인식하지 못한 주위 부족들은 해방감에 젖어 축제를 벌였다.

네 번째는 스페인 병사들 중에 싸움을 그만두고 스페인으로 귀국하고 싶어 하는 병사들이 있었으나 코르테스가 스페인으로 돌아갈 배를 다 태워 버림으로써 병사들을 벼랑 끝으로 내몰았다. 다른 선택지가 없는 병사들은 죽기를 각오하고 싸움으로써 적은 수의 스페인인들이 많은 수의 아즈텍인들을 상대로 이길 수 있었다. 이렇게 1521년 8월 21일 테노치티틀란은 함락되었다.

이순신 장군이 난중일기에서 남긴 말씀대로 필사즉생(必死則生) 필생즉사(必生則死), 죽으려고 목숨 걸고 싸우면 살 수 있는 것이오, 살려고 비겁하게 기회를 엿보면 죽는다는 것이 아즈텍 제국의 멸망을 통해서도 여실히 증명되었다.

다섯 번째는 코르테스의 애인으로 변한 통역관 말린체(Malinche)이다. 나우아뜰과 마야어를 구사한 말린체는 아즈텍 제국과 사이가 좋지 않은 부족에 관한 정보 등 내부 사정을 알려주며 코르테스의 정복을 용이하게 도와주었다. 그녀는 코르테스의 자식까지 낳음으로써 최초의 메스티소(Mestizo: 스페인인과 인디오의 결합으로 태어난 인종)를 탄생시킨 여성이기도 하다. 오늘날 멕시코에서 그녀의 이름은 매국노의 상징이 되어 버렸다.

스페인인들은 남의 집에 강도로 침입했건만 주인을 노예로 삼았고 여성 인디오들을 겁탈하여 수많은 메스티소를 탄생시켰고, 오늘날 멕시코는 '메스티소의 나라'가 되었다.

여기까지가 코로나가 우한에서 발발하기 전에 쓴 글이다.

지금 들춰 보니 오만하고, 어리석기가 짝이 없다. 여러 책들에서 언급된 아즈텍 제국의 멸망 원인이 천연두라는 사실을 나는 코웃음치며 허풍이나 과장으로 섣불리 판단했다.

2002년 멕시코에 도착하기 전에도 멕시코인들을 내 마음대로 생각했다. 멕시코인들이 '마리아치 음악에 맞춰 노래하며 테킬라를 마시고 밤새도록 놀다가 그다음 날엔 쿨쿨 자는 사람들'인 줄 알았다.

그런데 멕시코에 도착해 시차 때문에 이른 새벽에 깨어나니 하늘은 까만색인데 건설 노동자들은 일하고 있었다. 해가 뜨거운 시간에도 일을 그칠 줄 몰랐다. 실제로 OECD 국가 중 가장 근로시간이 긴 나라가 멕시코이다. 그뿐 아니라 비정규직 근로자의 은퇴가 가장 늦은 나라이기도 하다.

제3세계의 가난이 게으름 때문이라는 것은 조작된 환상이다. 제3세계 대부분의 가난은 불공정하고 불공평한 상속과 증여, 그리고 합리적인 분배의 실패에서 나온다.
나는 종종 경험하지 못한 것을 못 믿고, 내가 듣고 싶은 것만 듣고, 믿고 싶은 것만 믿는다.

하지만 이번만큼은 코로나 바이러스가 나의 어리석은 판단을 산산조각 내었다. 2020년 4월 14일 오후 기준으로 전 세계 확진자 194만 7,116명, 사망자 12만 1,723명이란 숫자는 나의 우둔한 기존 관념들을 다 망가트려 놓았다. 내가 현재 거주하고 있는 국가 스페인은 세계 제 2위의 코로나 대국으로 확진자 17만 2,541명, 사망자 1만 8,056명을 기록했다. WHO는 팬데믹을 선언했고 전 세계 215개 국가가 감염되었다.

전염병은 신종 플루나 메르스, 사스 등처럼 어느 한 대륙 안에서 국지적으로 발생하다가 스르르 사라지는 것인 줄 알았다. 후진국이 더 취약한 줄 알았다. 하지만 선진 의료 국가라고 믿었던 미국이 발생률 1위와 사망률 1위를 기록하고 전 세계 문화와 경제의 중심지인 뉴욕의 의료 시스템이 붕괴될 지경에 이르렀다. 먼 나라 이야기인 줄 알았는데 내가 살고 있는 마드리드에서만 확진자 4만 8,048명, 사망자 6,568명을 기록했다.

코로나로 인해 집 안에 갇혀 지내며 '아즈텍 제국의 붕괴'에 대한 의문이 나에게 스멀스멀 기어오르며 피어나기 시작했다.
아즈텍에는 바퀴가 없었기에 효과적인 운송수단은 없었지만 (이마저도 당시 장난감 바퀴는 있었기에 상용 바퀴가 존재하지 않았다는 것을 아즈텍인들의 열등함의 증거로 간주할 수는 없다) 상하수도 시설, 토목 공학이나 농경 분야에서는 아주 우수했다. 이런 대국이 스페인의 사조직에 소속된 병사들 때문에 무너졌다는 것은 아무리 봐도 이상했다.

그러면 아즈텍인들이 천하태평이라 눈앞에서 코 베어 가는 것을 가만히 보고만 있었던 걸까?

결코 아니다. 처음에는 코르테스를 환대했으나 서서히 그들의 정체를 알아 챈 아즈텍군들은 강경하게 저항했다. 1520년 6월

30일~7월 1일의 슬픈 밤, 노체 트리스테(noche triste)[1]에 아즈텍 군의 보복이 두려워 도망가던 스페인 군사들은 아즈텍 제국의 마지막 황제 쿠아우테목(Cuauhtémoc)의 용맹한 군사들에 의해 작살이 났다. 하지만 그럼에도 불구하고 결국 1521년 8월 21일 테노치티틀란은 함락되고 말았다.

1년이 조금 넘는 이 시기에 무슨 일이 있었기에 스파르타 군에 비견되는 철옹성 같은 아즈텍 군대가 무너졌을까? 절대로 그들이 비겁하다거나 죽음을 두려워했을 리는 없을 것 같다. 자본주의적 물질문명에 극도로 젖어 있는 현대에는 죽음과 삶이 첨예하게 분리되어 있지만 아즈텍인들의 정신 속에는 죽음과 삶이 한 곳에 들어있었을 것이다. 매일같이 계속되는 인신공양을 통한 죽음을 보아온 그들에겐 삶과 죽음의 경계가 흐릿해지고, 죽음마저 두렵고 불길하긴 했겠지만 친근해진 상태일 것이다.

1518년 메소 아메리카의 총인구가 5,500만이었는데 1605년에 100만이 되었다. 그러면 몇 백 명의 스페인 군대가 누가 지배자가 되든 상관없이 살아가던 민초들까지 화승총으로 몰살시켰나? 어불성설이다.

15세기에는 프랑스에서 5만 명이 죽은 해도 있었다고 한다.

---

[1] 스페인들이 자신들이 패배한 날을 자신들의 구미와 편의에 맞게 '슬픈 밤'이라고 부른다. 아즈텍 제국의 입장으로는 '기쁜 밤'이라 불러야 할 것 같다.

코르테스가 멕시코에 도착하기 직전인 1518년 천연두로 인해 전 세계 인구 5억 중 1억이 사망했다. 그러니 구대륙은 전염병에 대해 어지간히 단련이 되었고 천연두에 대한 어느 정도의 면역이 형성되었다고 볼 수 있다. 하지만 1519년 아즈텍인들은 말 그대로 무방비 상태로 스페인인들이 옮긴 천연두란 전염병을 처음으로 만났고, 면역이 전혀 형성되어 있지 않았기에 그들은 속수무책으로 당할 수밖에 없었다.

천연두에 걸린 그들은 단시간에 쓰러져 갔고, 시간이 더해짐에 따라 싸우려는 사기와 의욕이 저하되었고, 전투력이 소실되었다. 목테수마 황제 자리를 이어받은 그의 동생인 쿠이틀라우악(Cuitláhuac)은 천연두 바이러스에 걸려 재임한지 80일 만에 죽었다.

『총 균 쇠』의 저자인 제러드 다이아몬드는 신대륙에는 칠면조나 개 정도만 있었고 말이나 소, 돼지, 닭, 양 같은 가축이 없었기에 인수공통 전염병에 걸릴 기회가 없었다고 주장한다. 그러니 면역이나 항체가 전혀 없는 아즈텍 제국의 사람들은 천연두 앞에 무릎을 꿇을 수밖에 없었던 것이다.

전염병 덕분에 승패라는 비정한 역사가 스페인에게는 행운으로, 아즈텍인에게는 불운이라는 '동전 던지기' 같은 요행에 의해 좌우되었다. 현대 세계에서 최고의 기술력을 가진 월등한 선진국가 미국에서조차 2020년 12월 우한 사태 이후 2만 3,771명의 사망자가 나왔다. 아즈텍의 멸망은 절대로 그들이 스페인인들에 비해 열등해서 나온 결과물이 아니라 운의 결과물이었을 뿐이다. 허무하기 짝이 없다.

제러드 다이아몬드는 지배하는 문명이 되는 궁극적이고 직접적인 원인이 농경 사회의 식량 생산이고, 그 농경 사회가 가축을 기르는 여건이 되면 전염병 발생의 요건이 충족된다고 한다.

하지만 아즈텍 제국에 이 이론을 대입해 보면 틀렸다. 왜냐하면 아즈텍은 유럽을 압도하는 농사 국가였기 때문이다. 그들은 치남파스와 텍스코코에서 고추, 옥수수, 호박, 콩, 코코아, 토마토, 아보카도, 감자, 땅콩 등 다양한 농작물을 경작하여 자급자족할 정도로 풍부한 양을 생산하였다.

정교한 관계 시설이 있었고 저습지 간척을 함으로써 모든 토지에 작물을 재배하는 집약 농업을 하였다. 이렇게 농업 생산성이 높아짐에 따라 인구 밀집도가 높은 부유한 국가가 되었던 것이다. 이런 그들이 왜 가축을 기르는 조건을 만족시키지 못했을까?

아뿔싸! 그들에게 부족한 것은 가축을 기르는 사람의 능력이 아니라 여러 종류의 동물들이었다.

21세기 인간의 능력은 신에 도전하는 중이라 복제 동물, 유전자 교배를 통한 상상 속의 동물을 현실에 탄생시키는 것까지 가능한 것 같다. 하지만 스페인인들이 아즈텍 제국을 침략한 16세기 초에는 유전 공학은커녕 아직 산업혁명이 일어나기도 전이었고, 르네상스 덕분에 플랑드르 지방에 있는 브뤼헤(Bruges)의 테르 뷔르제 광장에 세계 최초의 증권 거래소가 겨우 생겨난 정도였다. 상업 혁명의 첫걸음마를 뗀 수준이었다.

결국 신대륙에 가축으로 길들일만한 동물들이 없어서, 사람들이 동물들을 통한 전염병에 감염될 기회가 없는 청정 지역이라서 라틴 아메리카는 스페인에게 300년 동안 지배받게 되었고, 지금까지 제3세계로 낙인찍히는 것을 보면 억울하기 짝이 없다.

미생물들에 의해 퍽퍽 쓰러지는 만물의 영장들이여! 제발 겸손할지어다!
그리고 인종 간 민족 간의 우열은 환상입니다!

4. 미국의 미술 패권에 볍씨를 뿌리게 된 시케이로스

시케이로스, 「Proletarian Mother」, 멕시코 현대미술관, 1929

아이 셋이 엄마에게 저리도 달라붙어 있는데 엄마는 퀭하니 감정이 말라붙어 버려 최소한의 주체적인 스킨십도 하지 않는다. 이 그림의 작가, 다비드 알파로 시케이로스(David A. Siqueiros)는 가난한 노동자, 농민 계급을 그렸고 프롤레타리아 혁명가를 중심인물로 내세웠다.

자본주의가 절정을 이루면 공산주의가 도래한다는 마르크스의 예언은 틀렸지만 20세기 초반엔 러시아 로마네스크 왕조가 무너지고 러시아의 공산화를 시작으로 전 세계의 공산주의 운동이 활발하게 진행되었다.

식민지 한국에선 조선 공산당이 1925년 시작되었고, 멕시코에서도 외국 세력이 득세했던 포르피리오 디아스(Porfirio Díaz) 정권이 멕시코 혁명으로 인해 1911년에 붕괴됨과 맞물려 낭만적 민족주의 운동과 함께 공산주의 세력도 활기를 띠게 되었다.

300년 이상 스페인의 지배를 받으며 멕시코의 원주민인 인디오들은 고유의 문화적 정체성을 잃어버리고, 가난에 찌들어 산 반면 침입자들의 자식인 스페인계 후손들은 독립 후 손쉽게 부르주아지로 편입되었다. 그 결과 멕시코를 포함한 라틴 아메리카에서 유럽 문화는 동경과 추종의 대상이 되고 우월한 것으로 간주된 반면 전통적인 인디오의 문화는 열등한 것으로 인식되어 버리고 무시되었다.

인디오들의 전통이나 지식, 토지 공유제도 등은 서구 문명을 지향하는 포르피리오 디아스 정권에 방해물로만 여겨지니 반발하는 민중들이 참가한 멕시코 혁명은 '스페인 침략 이전의 문화 복원'이라는 민족주의적 명제가 함께 하였다.

불만에 찬 멕시코 민중들은 콩트의 실증주의를 신봉하며 엘리트층만을 우대하고 경제를 급성장시키는 것에만 혈안이 된 독재자 포르피리오 디아스에 대항해 1910년 11월 20일에 멕시코 혁명을 일으켰는데 이 사건은 20세기 첫 사회혁명으로 평가받는다.

포르피리오 디아스는 정복전의 인디오 고유의 농장 제도인 '카풀리(Capulí)'나 '에히도(Ejido)' 같은 자급자족적이고 평등하게 나누어 가지는 토지 소유제를 폐지하고 스페인 식민시대의 '아시엔다(Hacienda) 제도(중세 봉건 시대의 장원 개념과 비슷)'를 부활시킴으로써 농민들은 토지를 잃고 소작농이 되었다.

이 당시에 치와와(Chihuahua)주의 테라사 가문의 아시엔다는 벨기에와 네덜란드를 합친 것보다도 컸고 멕시코의 농경지의 98%가 아시엔다에 속해 있었고, 농민들의 90%는 문맹 상태였고 토지를 소유하지 못하였다. 외국인들의 토지 점유율도 지나쳐 미국인들이 멕시코 전체 면적의 22%를 점유하고 있었다고 한다.

1905년 속아서 멕시코 이국땅을 밟게 된 한국의 이민자들이 메리다의 아시엔다에서 에네켄 선인장 농사를 지었는데 이러한 혼돈에 찬 시대 상황과 결부시켜 보면 그들의 농노 생활이 얼마나 참혹하고 비참했을지가 상상이 된다. 1905년 7월 29일자 황성신문에 "인디오 노예 등급 5~6등급, 한인 노예는 7등급으로 농노 중 가장 낮다"고 기록되어 있으니 이 비통함을 어찌할꼬…

1911년 5월 독재자 포르피리오 디아스가 물러나고 1917년 혁명정부는 '멕시코 혁명 헌법'을 제정하여 공포했고 이 헌법에는 외국인과 교회의 토지 소유 금지도 포함되어 있었다. 농민과 노동자를 위한 대규모 농지개혁, 기업의 국유화, 사회복지 정책 등도 펼쳐졌다.

멕시코의 노벨문학상 수상자인 시인 옥타비오 파스는 멕시코 혁명을 "다수의 지도자에 의해 여기저기서 폭발한 혁명"이라 평했다. 혁명을 이끈 북쪽의 판초 비야(Pancho Villa), 남쪽의 사파타(Emiliano Zapata) 등은 지식인이 아닌, 자생적이고 자발적인 그 지역의 농민 지도자들이었다.

혁명으로 인한 고통스러운 내전 후에 멕시코의 새 정부는 멕시코인들을 화합시키기 위해 멕시코인들의 정체성과 국가관을 확립시키려고 노력했다. 멕시코인들의 문화 정체성을 탈유럽화시키는 데 주력하고, 그 목표를 이루기 위해 멕시코의 풍경을 새롭게 바라보고 전통적인 관습과 축제들을 부활시켰다.

1920년 12월 1일 알바로 오브레곤(A. Obregón)은 대통령에 취임했다. 그는 점진적으로 토지개혁을 진행했고 멕시코 혁명으로 인해 분열된 국가를 단합시키려는 목적으로 공공벽화를 제작하도록 했다. 교육부 장관 호세 바스콘셀로스(J. Vasconcelos)도 원주민 인디오들에 대한 교육의 중요성을 절감했기에 거의 문맹인 그들을 위해 벽화 운동을 장려했다.

멕시코 벽화가 추상적이 아니고 보기만 해도 그대로 이해되는 구상을 지향하는 것은 이런 벽화의 탄생 배경 때문이다.

1920년대는 멕시코에 대한 자긍심이 충만하게 타오른 멕시코 문화 르네상스의 절정기였다. 이때 재정립된 멕시코의 민속예술을 지키려는 전통은 지금도 계속된다. 한 예로 멕시코 국립예술궁전(Palacio de Bellas Artes)의 상주 단체인 멕시코 국립 발레단은 서구 발레단과는 달리 철저히 멕시코 각 지방의 전통춤에 바탕을 둔 그들만의 발레를 한다.

서양 발레를 우아하고 귀족적이라 한다면 멕시코 민속 발레에는 민중들의 발랄함과 강인함이 서려 있다. 일요일 아침마다 상설 공연을 함으로 짧은 시간 멕시코시에 체류하는 관광객들도 쉽게 접할 수 있다.

클래식 음악 분야에서도 멕시코 전통 색채가 뚜렷한 음악가들이 나왔다. 아즈텍 음악의 영향을 받고 그들의 악기를 사용한 「인디오 심포니」 등을 작곡하고 멕시코 국립 교향악단을 창단한 카를로스 챠베스(Carlos Chávez), 좌파 혁명단에 가입하고 「마야의 밤」과 「센세마야(Sensemayá)」를 작곡한 실베스트레 레부엘타스(Silvestre Revueltas), 모든 어둠을 다 몰아낼 것만 같은 가슴이 환해지는 곡인 「우아팡고(Huapango)」를 작곡한 호세 파블로 몬카요(José Pablo Moncayo)…

혁명의 영향 하에 탄생된 정신을 벽화에 불어넣고자 교육부 장관 호세 바스콘셀로스는 많은 벽화가를 초대하여 관공서 건물들의 벽화를 제작하게 하고 임금을 지급하였다. 이 벽화들에는 멕시코 원주민들의 고유 문명인 마야, 아즈텍 조각의 특징이 인물로 표현되어 있다. 당시 유행하던 유럽의 모더니즘에서 탈피해 멕시코 고유의 그림을 되찾자는 운동이었는데 멕시코 벽화의 3대 거장을 꼽으라면 프리다 칼로의 남편이기도 한 디에고 리베라(Diego Rivera), 오로스코(Orozco)와 시케이로스(Siqueiros)를 들 수 있다.

그림의 주제는 주로 나라의 역사, 원주민들의 일상과 급진적 사회주의를 다룬다. 1922년에는 벽화 제작자들의 노조가 결성되고 1923년에는 시케이로스가 직접 기초한 '벽화가와 조각가들의 노조 선언문'이 발표된다.

선언문의 내용은 민중의 느낌에 거슬리는 부르주아적인 것들은 사라져야 한다고 하며 그것들이 멕시코인들의 심미안을 계속 오염시켜 왔다며 멕시코 민중예술의 인디오적 전통이 가장 훌륭한 것이라 이야기한다. 반외세주의적인 태도로 유럽의 회화 양식을 거부하고 자신들 고유의 가치를 강조한다. 시케이로스는 멕시코 벽화운동에 대해 국제주의적으로 되길 원했지만 민속적 차원에 머물렀다는 비판을 하기도 했다.

시케이로스는 귀족적이고 지식 서클이 애호하는 모든 예술에 대해 반박하며 공공의 재산으로 누군가가 가지고 있는 소유물이 아닌, 모두의 것인 벽화에 대해 옹호했다.

이런 문화 운동들로 인해서 그동안 멸시되어 왔던 인디오 농민과 그들의 전통적 관습은 점차적으로 멕시코의 자부심이 되었고, 토지개혁을 위해 싸웠던 남부 출신의 농민 '사파타'와 북부 출신의 '판초 비야'는 영웅이 되었다.

멕시코는 미국과 국경이 붙어있다. 그래서 어떤 멕시코인들은 "하나님과는 너무 멀고 미국과는 너무 가까운 가련한 멕시코여."라고 자조한다.
현재도 대부분의 멕시코인들의 의식의 저변에는 반미의식이 깔려 있다. 어떤 멕시코인은 나에게 "한국은 미국과 멀어 행운이다"라고 했다.

하지만 세상사가 그렇듯이 꼭 단점만 존재하진 않는다. 미국과 멕시코는 가깝기에 서로가 영향을 주고받고 있고, 미국의 텍사스주에 가면 스페인어가 그냥 통한다.

아이가 학교 대표로 휴스턴에서 열리는 스펠링 비(Spelling Bee)에 참가하기 위해 한 멕시코 가족과 함께 미국에 갔는데 그 집 남편이 행인에게 스페인어로 물어서 황당했었다. 그런데 놀랍게도 스페인어로 답이 돌아왔다.

다른 중남미 국가들에 비해 멕시코가 받은 혜택도 많아서 멕시코는 중남미 스페인어권에서 경제적으로 선두 국가가 될 수 있었다. 미국, 멕시코, 캐나다 간의 경제 교역체인 나프타(NAFTA) 덕분에 멕시코에선 공산품 가격도 합리적이다. 멕시코 시장에는 거의 모든 미국 상품이 다 깔려 있다. 미국과 맞붙어 있으므로 이런 장점들도 존재한다는 것을 부인할 수 없다.

1929년의 주식시장 붕괴가 일으킨 대공황과 경제적 불평등에 빠져 허덕이던 미국 미술계에도 멕시코 벽화는 그 당시 유행하던 유럽의 모더니즘 회화 이상으로 영향을 끼쳤다. 멕시코 벽화가들은 미국을 직접 방문하여 벽화를 제작하기도 했는데 미국 체류시에 대부분은 급진적 사회주의에 바탕을 둔 그림을 그렸다. 이때 영향을 많이 받은 미국 화가들로는 좌파 사회주의 예술가이자 잭슨 폴록(Jackson Pollock)의 스승인 토머스 하트 벤턴(Thomas Hart Benton)과 윌리엄 그로퍼(William Gropper), 노구치 이사무(Isamu Noguchi), 벤 샨(Ben shahn) 등이 있다.

대체로 공산주의자의 성향이 짙은 멕시코 벽화가들 중에서도 시케이로스는 교도소를 들락날락했을 정도로 극렬 공산주의자였다. 변호사의 아들이었던 그는 젊은 시절 카란사(Venustiano Carranza) 장군의 휘하에서 멕시코 혁명군으로 참가하여 멕시코 전국을 다니다 보니 멕시코의 전통문화를 가까이서 접촉하게 되고 노동 계급들의 일상과 가난한 농부들이 매일매일 힘겹게 살아가는 삶을 체험하게 된다.

그는 예술은 혁명이어야 한다고 믿었다. 1932년 시케이로스는 미국으로 넘어가 로스앤젤레스의 Olvera Street에서「트로피컬 아메리카(Tropical América: 제국주의에 의해 억압받고 파괴된, oppressed and destroyed by Imperialism)」벽화를 그린다. 이 벽화는 라틴 아메리카에서의 미국의 제국주의적 압제에 대해 성토한다. 이 문제적 벽화로 인해 그는 미국에서 추방당한다.

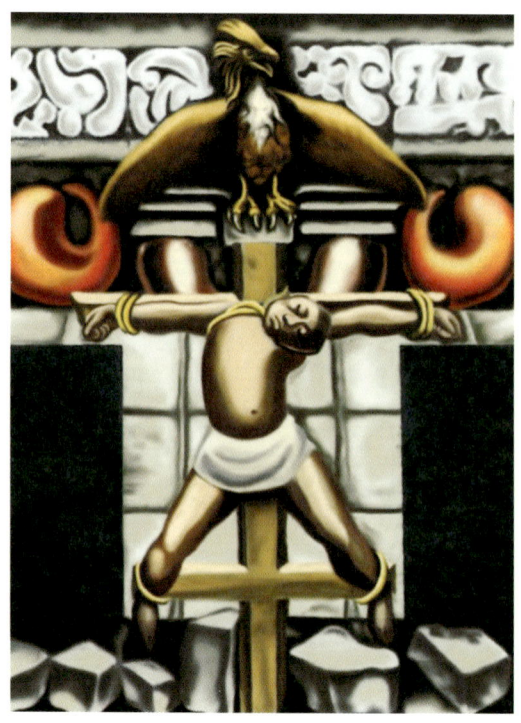

시케이로스,「Tropical América」

시케이로스의 「트로피컬 아메리카」, 독수리는 미국의 표상이고 십자가에 매달려 있는 사람은 억압받는 멕시코 원주민을 나타낸다. 시케이로스의 그림은 격렬한 붓놀림으로 바로크 미술의 역동적 리듬을 보여주고, 그려진 인물들은 마치 멕시코의 전통 문명인 올멕(Olmec)과 아즈텍의 조각상들처럼 보인다.

하지만 이 벽화를 잘 분석해 보면 시케이로스가 미국을 비판만 한 것이 아니라 미국 예술의 영향을 많이 받았다는 것을 알 수 있다. 시케이로스의 그림 벽화는 할리우드 영화 산업의 영향을 많이 받았다. 시케이로스는 할리우드의 현대 영화 산업을 직접적으로 접하고 급진적 영화 기법을 이용한 벽화를 그렸던 것이다.

이 「트로피컬 아메리카」 벽화에는 영화의 공동 작업처럼 조수 20명을 고용했고, 화가 스스로의 손 스케치 대신 영화제작에 사용되는 프로젝터를 이용해 스케치를 하였다. 그뿐 아니라 극렬 공산주의자 시케이로스는 쵸우니(Chouni) 학교에서 미국의 자본주의를 대표하는 월트 디즈니 만화 영화의 영향을 받아 벽화에 동적인 효과를 부여했다.

누구보다 강한 이념의 소유자였던 시케이로스였지만 배움에 있어서는 예술 장르 간의 경계까지 넘나들며 이념을 초월해 아주 자유로웠다. 예술이 이념에 갇힌 꼴만큼 우스꽝스러운 일도 없을 것이다.

예술에 있어서 사상의 장벽을 걷어내어 자유를 추구해야 함은 선택의 문제가 아니라 생존의 문제다.

이 당시 그의 동료이자 조수들인 루이스 아레날(Luis arenal), 필립 거스턴(Philip Guston), 플레처 마틴(Fletcher Martin) 등과 함께 작업했다.

1932년 미국에서 추방당한 시케이로스는 부에노스아이레스에 가서 「돈 토르쿠아토(Don Torcuato)」 벽화를 그리고 1934년 불법 입국자로 미국에 재입국하였다. 불법을 무릅쓰고 재입국한 것을 보면 그에게 분명한 목적과 의도가 있어 보인다. 아마도 공산주의 활동을 펼치기 위해서였을 것이다. 그런데 '왜 고국 멕시코 대신 미국을 선택하였을까?'라는 질문에 대한 답은 내 머리로 짜낼 수가 없다. 그는 공산주의를 점화시키려 미국에 불법으로 왔나? 아니면 예술적 교류를 위해 미국으로 온 걸까? 이 2가지를 합친 목적, 즉 공산주의 사상을 펼칠 수 있는 벽화를 미국에서 제작하기 위해 왔나? 그것도 아니라면 루스벨트 대통령의 뉴딜 정책을 이용해 기회를 잡기 위해 왔을까?

1936년에 시케이로스는 뉴욕의 유니언 스케어 근처, 5west 14th street에서 워크숍을 연다. 뉴욕에 반파시즘의 물결이 거세게 일었을 때다. 그 해 2월에 열린 미국 예술가 대회(American Artists' Congress)는 전쟁과 파시즘을 반대하고 사회 정의를 내세웠다. 시케이로스는 이때 〈멕시코인으로서의 예술적 경험(The mexican experience in Art)〉이라는 제목으로 연설을 했고 미국의 화가들은 시케이로스에게 지대한 관심을 보였다.

시케이로스는 1930년대 초반부터 벽화를 그릴 때 비전통적인 재료를 사용하고, 혁명적인 테크닉과 기법을 사용했다. 빨리 마르는 공업용 시멘트와 차에 칠하는 라커를 사용하고 상업용 스프레이 총을 썼다. 그는 혁명의 이념을 내세우기 위해선 혁명적 테크닉과 재료를 필요로 한다고 생각했고, 새로운 예술적 요구는 새로운 테크닉을 필요로 한다고 이야기했다. 전통적인 유화 그림에서 사용되던 재료는 그에 의해 부정된다.

시케이로스는 자기의 급진적인 공산주의 사상을 내세우기 위해 13세기 수도원에서 그린 프레스코화와 같은 종교적 그림에 요구되었던 테크닉을 사용하기를 거부했다. 그는 바닥에 캔버스를 놓고 물감을 쏟고 떨어뜨리고, 스피닝(spinning) 기법을 사용했다.

시케이로스의 워크숍에 모인 화가들 중에는 잭슨 폴록도 있었는데 그는 샌프란시스코에서 디에고 리베라의 벽화를 접하고, 1930년 포모나 대학(Pomona College)에서 오로스코의 벽화인 〈프로메테우스〉를 보면서 특별한 영감을 받았다.

폴록은 시케이로스의 워크숍에서 그의 동료 조수들과 함께 반파시스트 운동을 선전하기 위해 대형 스케일의 공공 예술작품을 만들었다. 초기 작품은 대중을 위한 예술로 큰 배너를 사용한 퍼레이드, 모임, 컨벤션, 미팅을 위한 작품이었지 전시를 위한 작품은 아니었다. 그들은 미국 공산당 대표의 초상화도 그리고 나치의 제3제국을 비판하는 그림도 그렸다.

폴록의 액션 페인팅에서는 무의식이 미술의 근원이 되는데 그는 1936년에 시케이로스의 워크숍에서 초현실주의자들의 자동기술법을 접하게 되었다. 시케이로스가 깊이 빠져든 초현실주의, 자유연상, 정신분석에 폴록 또한 영향을 많이 받았다. 1930년대는 공산주의적 성향을 지닌 초현실주의자들이 많았다. 폴록은 '회화는 화가가 개인의 깊은 무의식적 진실을 고백하는 것'이라고 생각하게 되었다.

폴록의 그림, 「Steer와 함께 하는 풍경」은 에어브러시(air brush)로 라커를 뿌려 그렸다. 시케이로스를 만나기 전인 1935년에 표현주의적 영향이 보이는 유화로 그린 그의 작품 「Going the west」와는 재료에서 확연히 다른 접근을 보여준다.

잭슨 폴록, 「Landscape with steer」, MoMA, 1936~1937

잭슨 폴록, 「Going west」, 스미소니언 미술관, 1934~1935

폴록이 시케이로스로부터 배운 것은 그림의 표면적 분위기가 아니라 재료와 기법 등의 급진적 테크닉을 익혔다고 볼 수 있다.

프롤레타리아 해방운동에 목적을 둔 시케이로스의 작품은 구상적이고 이해하기 쉽다. 시케이로스의 작품 중 추상에 가까운 작품은 뉴욕서 제작한 「집단 자살(Collective Suicide)」인데 이 작품에서 폴록은 큰 영향을 받았다.

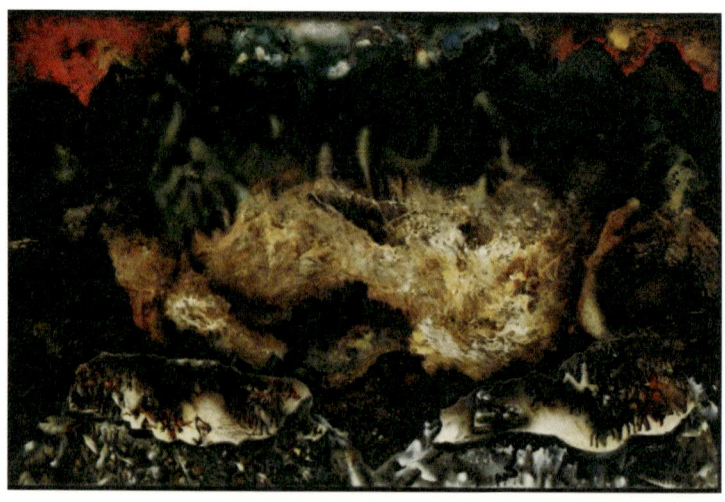

시케이로스, 「집단 자살」, MoMA, 1936

이 작품은 모래를 캔버스에 뿌려 두껍게 만들었다. 스페인인들이 멕시코를 정복한 묵시록적 비전이다. 치치멕족들은 스페인 정복자들의 노예가 되기보다 집단 자살을 택한다. 동시에 이 작품은 스페인 내전(1936년~1939년)에서 발생한 수많은 전사자들을 애도하는 작품이다. 폴록은 이 그림의 영향을 받아 「The Flame」을 그렸다.

잭슨 폴록, 「The Flame」, MoMA, 1934~1938

이레네 허너(Irene Herner)는 잭슨 폴록의 액션 페인팅과 드리핑은 시케이로스의 워크샵에서 출발했다고 한다. 로버트 스토어(Robert Storr)는 시케이로스가 없었다면 잭슨 폴록도 없었을 것이라고까지 이야기한다.

폴록은 시케이로스에게 그림 작업에 대한 자세와 혁명적 테크닉 기법을 배웠다. 시케이로스가 철저히 의도적인 우연성을 띠며 회화 작업을 함으로써 폴록도 그 영향을 받아 자기 작품은 정돈되지 않은 카오스적 세계가 아니고 목적 지향적이라 말한다.

시케이로스가 한 평생 구상에 머물렀다면 폴록은 한 걸음 더 나가 추상을 선택했다. 잭슨 폴록은 1947년 액션 페인팅을 탄생시켰다.

잭슨 폴록, 「Full Fathom Five」, MoMA, 1947

스탈린주의자인 시케이로스의 스튜디오에서, 트로츠키주의자인 미술 평론가 클레멘트 그린버그(Clement Greenberg)가 '처음부터 끝까지 스탈린주의자라'고 부른 잭슨 폴록은 여러 가지의 혁명적 테크닉을 학습함으로써 액션 페인팅, 추상 표현주의의 대가가 되었다. 그린버그는 '잭슨 폴록이 회화의 기본인 평면성과 비재현성을 구현했다'고 극찬했다.

1936년 말에 시케이로스는 워크숍을 그만두고 1937년에 파시즘에 대항하는 공화국 정부를 지지하고자 내전 중인 스페인으로 간다. 인구의 대부분이 농민이고 파시스트들에게 짓밟히지도 않은 멕시코에서 온 시케이로스가 반파시스트 운동을 하고 벽화를 제작한 것에 대해 비판하는 이야기도 있었지만 시케이로스는 멕시코인이라기보다는 세계인이었다. 세계의 문제를 고민하고 풀어나가는 물감을 든 전사였다.

시케이로스는 그 후 폴록에게 편지를 쓸 때 '나의 동지'라 표현한다. 시케이로스는 스페인 내전 때 전투 요원으로 활발히 참여했으나 1938년 패색이 짙자 절망하고 멕시코로 돌아갔다.

1940년 스탈린에게 패한 레온 트로츠키를 디에고 리베라가 대통령에게 망명 허락을 받고 자기 집에 머물도록 하는 호의를 베풀었는데 프리다 칼로와의 애정 문제로 인해 트로츠키는 그의 부인과 함께 디에고 리베라의 코요아칸(Coyoacán)의 파란색 집을 떠나 코요아칸의 비엔나 거리에 머물고 있었다.

나는 멕시코시에 살 때 걸어 다니기가 위험해 항상 윈도를 꽉 잠근 채 차를 운전하며 슈퍼를 가고, 아이를 학교에서 픽업하였다. 걸어다닐 곳도 마땅치 않았고 도보 시설이 거의 없었다. 하지만 코요아칸은 예외였다. 시내를 조금 벗어나 있고 그곳만의 독특한 향기가 서려 있는 곳이다. 거대한 저택들이 오랜 세월 자기 자리를 지키고 있어 편안한 느낌이 드는 곳이다. 아빠의 넓은 품에 안긴 아이가 된 기분이라고 할까?

5월 스탈린을 옹호하던 시케이로스는 레온 트로츠키를 암살하려 했으나 실패하고 칠레로 몸을 숨긴다.
트로츠키는 러시아의 공산화를 위해 빛나는 업적을 쌓은 지식인이지만 잔인무도한 스탈린에게 숙청당하고, 결국 망명지 멕시코에서 스탈린의 자객에게 암살당하여 비극적인 생을 마감하게 된다. 레온 트로츠키를 죽이기 위해 400발의 총을 쏘아 대었다고 한다.

시케이로스는 왜 트로츠키를 직접 죽이려고까지 했을까? 지독한 스탈린주의자였던 시케이로스는 스탈린이 트로츠키에게 씌운 '배신자'라는 프레임에 걸려들어 속은 것 같다. 스탈린처럼 사람 목숨을 파리 목숨보다 못하게 여기고 수많은 학살을 자행했던 그가 트로츠키를 배신자라 부르다니 어이가 없을 뿐이다. 그 시대가 끔찍했었고 스탈린처럼 잔인한 사람은 시대를 더 잔인하게 만들고, 남의 피를 흩뿌리며 살아갈 악마의 운명이었나?

시케이로스가 미국을 들락날락할 무렵 참으로 재미있고, 믿기 힘들기까지 한 일이 일어난다. 미국 루스벨트 대통령(1933-1945년 재임)은 뉴딜 정책을 펴면서 공공미술의 한 방편으로 **멕시코의 벽화 운동을 본보기 삼아** 벽화를 그리게 하고 불황으로 경제적 어려움에 처한 화가들에게 보수를 지불하였다.

냉전시대 공산주의 사상이 가득 담기고 자본주의에 대한 격렬한 비판 정신이 담긴 멕시코 벽화를 롤 모델로 해서 전 세계 자본주의의 기수이자 자유진영의 수장이었던 미국이 공공벽화 운동을 추진했다니 아.이.러.니.다.

하지만 갑부 집안서 태어나서 '계급의 배신자' 소리까지 듣는 프랭클린 루스벨트 대통령의 업적을 보면 융통성을 가지고 이해할 수도 있을 법하다. 그는 조세 정의를 위해 개인 소득세, 법인 소득세, 상속세 등 직접세에 더해 누진세를 적용해 단계적 부자

증세를 추진했다. 그는 강력히 부의 재분배를 실천하고 부의 세습을 막았다.

행정부의 수반인 루스벨트는 그렇다 치고, 록펠러 가문을 비아냥거리며 자기 작품에서까지 비난을 표현했던 디에고 리베라가 록펠러와 포드의 초청을 받아 미국으로 가서 자본주의의 컨베이어 시스템을 보란듯이 그리게 된 것은 무어라고 평해야 할까? 공산주의자면서도 부자이고 쾌락을 좋아하기에 융숭한 대접을 기대하고 일단 록펠러의 초청에 응했나? 넬슨 록펠러가 CIA 국장까지 지낸 인물이니 디에고 리베라가 낚였다고 해야 할까?

록펠러 센터에 레닌을 그려 넣고 싶다는 디에고 리베라의 뜻을 록펠러가 받아들이지 못하자 결국에 벽화는 철거당했다. 로메로 키스(Romero Keith)는 디에고 리베라를 반혁명적 기회주의에 머물렀다고 비판했다.

그 일이 있기 몇 년 전 주멕시코 미국 대사 부부를 위해 멕시코 쿠에르나바카(Cuernavaca)의 에르난 코르테스 궁전의 벽화와 캔버스에 작품을 그리면 1만 3천 달러를 준다는 조건을 수락했다는 이유로 디에고 리베라는 부르주아지로 찍혀 멕시코 공산당서 쫓겨난 이력이 있다. 그래서 그랬을까? 그는 더더욱 '레닌

그리기'에 집착하고, 과시적으로 주장했을지도 모르겠다.

어쨌든 디에고 리베라를 뉴욕에 초청하려고 마음먹었을 때 록펠러 가문은 미국은 뭐든지 할 수 있는 자유로운 나라라는 것, 표현의 자유가 넘쳐나는 멋진 나라라는 것, 공산주의자라는 딱지가 붙은 화가까지도 초청하는 관대함을 가진 나라라는 것을 보여주고 싶었을 것이다.

미국 국무성은 1947년부터 본격적으로 세계 예술의 중심을 파리로부터 뉴욕으로 옮김으로써 예술판을 뒤집어 새로 짜려고 노력했지만, 현대미술에 호의적이지 않은 미국의 자국민들이 전시 작품의 해외 투어 비용을 비판하는 등의 조세저항에 시달렸다. 게다가 그 당시 대부분의 미국 대중들은 현대 미술을 혐오하고 경멸을 보냈다.

결국 미국 CIA가 은밀히 나섰다. CIA의 협조자는 뉴욕현대미술관(MoMA)이었다. CIA와 MoMA는 인적 교류도 활발했다.

1947년 트루먼 대통령이 CIA를 설립하자마자 마크 로스코, 윌리엄 드 쿠닝, 잭슨 폴록 등의 미국 추상 표현주의 화가들을 활용해서 전 세계를 대상으로 홍보에 착수했다. 전 세계 35개가 넘는 국가에서, 런던에서 발행되는 잡지 《Encounter》를 비롯해 24개가 넘는 잡지에서 미국 미술을 홍보했다. 이 잡지들은 비평가들이 새로운 미국 미술을 칭찬하는 공식 플랫폼이 되었다.

그 홍보 스케일에 눈이 휘둥그레질 뿐이고 '2차 세계대전이 끝나고 미국이 축척한 부가 대단했구나'라는 생각이 든다.

피렌체의 메디치가와 로마의 교황들이 이태리 르네상스 화가들의 후원자였다면, 1940년대 후반부터의 냉전 시대에는 미국 정부와 록펠러 가문이 추상 표현주의 화가들의 후원자가 되어 주었다. 추상표현주의는 팝아트와 함께 미국의 모더니즘을 대표한다. 세계 2차 대전이 끝나고 미국의 대호황 시대도 이때 열렸으니 기막힌 타이밍이기도 하다.

보다 세련된 방법으로 정부가 대 주는 돈을 재벌들이 후원하는 것처럼 위장할 때도 있었지만, 록펠러 가문에서는 공공연하게 막대한 돈을 현대 미술에 퍼부었다. CIA, MoMA 그리고 록펠러 가문은 철저한 공생관계였다. 이 세 집단 간의 핵심요원들 간의 인사이동이 반복되는 것을 보면 쉽사리 눈치챌 수 있다. 그들의 절체절명의 목표는 예술을 통해 자본주의가 공산주의에 대항해 승리하는 것과 예술의 중심축을 프랑스에서 미국으로 옮기는 것이었다.

때때로 그들에 의해 공산진영 예술가들의 마음도 흔들렸다. 예를 들면 폴란드인 타데우스 칸토르(Tadeusz Kantor)는 1956년 파리 여행 중 잭슨 폴록 작품을 보고 고국으로 돌아가서 당시 폴란드에서 유행하던 사회주의적 리얼리즘 예술로부터의 탈출을 이끌었다.

미국의 예술 선전에 행운의 요소로 작용했던 것은 그 당시 CIA 요원들은 업무 외 시간에 글을 쓰고 미술품을 컬렉팅(collecting)하는 데 바친 예술 애호가 집단이었다는 것이다. 당시 유럽 미술계에는 표현주의자들인 에밀 놀데(Emil Nolde), 앙드레 드랭(André Derain), 에른스트 루드비히 키르히너(Ernst Ludwig Kirchner), 프란츠 마크(Franz Marc), 프란시스 베이컨(Francis Bacon), 루시안 프로이트(Lucian Michael Freud), 발튀스(Balthus) 등이 있었고, 이들뿐 아니라 로베르 들로네(Robert Delaunay)의 영향을 받은 신즉물주의 화가, 아우구스트 마케(August Macke)와 사실주의에 속하는 오토 딕스(Otto Dix) 등의 뛰어난 화가들이 있었다.

미술관에서 그들의 그림을 보다 몇 발자국만 걸어가서 잭슨 폴록의 그림을 쳐다보면, 내용 면에서나 그리는 행위에 중점을 주는 테크닉에서나, 당시 유럽의 화가들보다 혁명적이고 새롭고 진보적이라는 것을 느낄 수 있다. 카우보이처럼 빠르고 에너지 넘치고 열린 미국의 표상! 잭슨 폴록이 구사하는 기법적 테크닉들과 이미지를 보면 공산주의자들을 마구 무찌르는 람보(Rambo)가 연상되기도 한다. 폴록의 그림은 개인이 마음껏 누리는 자유를 보장하는 국가의 상징으로서 나치를 무너뜨리고 그 다음엔 공산주의를 공격하는 미국과 닮았다는 생각이 든다.

그런데 CIA는 잭슨 폴록이 뼈 속까지 스탈린주의자라는 것을 정말 몰랐나?
아니, 분명히 알았다!!!
그럼 왜 그를 선택했나?

미국이란 나라에는 화가 개개인의 사상이 중요한 것이 아니었고 소련을 누르고 세계에 미국의 우월성을 선전할 예술적 도구가 절실했다. 하나를 버리고 열을 얻고자 했다.

그 당시 CIA는 소련의 사회주의적 리얼리즘에 대항하는 혁신적 기법을 사용하는 그림이 필요했다. 그들이 보기에 폴록의 그림만큼 무엇이든 허용되는 자유로운 나라를 표현하기에 더 좋은 선전 도구는 없었다. 그림에 자동차 라커를 칠해도 좋고, 붓으로 휘둘러 화가가 서서 작업하며 물감을 아래로 떨어뜨려도 좋은…

미국이 그 당시 에드워드 호퍼 등의 뛰어난 화가들이 있었는데도 불구하고 잭슨 폴록(Paul Jackson Pollock), 윌리엄 드 쿠닝(Willem de Kooning), 마크 로스코(Mark Rothko) 등을 고른 걸 보면 CIA 요원들이 보통이 아닌 혜안을 갖추었다는 것을 알 수 있다. 추상표현주의라는 킬러 콘텐츠(killer contents)를 낚아서 과감하게 엄청난 돈을 쏟아부었다.

잭슨 폴록의 작품은 소련 공산주의에 대항하고 미국의 자유주의와 개인주의를 지키기 위해 CIA가 사용한 구명대였다. 그들의 예상은 적중했다. 예술 행성의 날인이고 문화 엘리트였던 CIA 요원들은 보통의 미국인들이 평가 절하했던 작품들을 냉철한 눈으로 바라보고 미국 회화의 미래를 견인하였던 것이다.

공산주의자 시케이로스로부터 뿌리를 찾을 수 있는 액션 페인팅이 공산주의에 첨예하게 대립해 선봉에 서게 된 자본주의 미술을 대표하다니?

미국의 선택은 탁월했다. 1950년대부터 세계 예술의 중심축은 파리에서 뉴욕으로 이동했다. 미국의 꿈대로 전 세계 예술계의 프리마돈나 역할은 유럽 대신 미국이 맡게 되었다.

세계 문화의 패권을 미국이 휘어잡게 되는 마술 같은 미술사를 새로 썼다. 거기에 더해, 아니 그보다 중요한 그들의 뼛속 깊게 새겨진 무궁하게 자유로운 '자본주의 예술'이라는 아이덴티

티로 제 1의 공격 대상인 공산주의에 대한 위대한 예술적 승리를 쟁취했다.

사실 미국이 소련에 이긴 것은 다윗이 골리앗을 이긴 거다. 소련이 어떤 나라인가? 차이코프스키, 라흐마니노프, 쇼스타코비치, 쇤베르크, 톨스토이, 도스토옙스키, 고리키, 말레비치, 칸딘스키 같은 거장들을 끝도 없이 배출한 나라다. 소련 스스로가 그들 자신을 유럽 계몽주의의 계승자로 표현했을 정도다.

그런 문화적 유산이 엄청난 소련에 비해 미국이 가진 것이 뭔가? 월트 디즈니, 로큰롤, 코카콜라, 크림파이…

고급문화의 깊이와 넓이는 소련과 견줄 수 없지만 미국은 쟁취했다. 거대 자본과 그보다 더 중요한 개인의 자유로운 힘으로 미국이라는 다윗은 골리앗의 눈을 명중시켰다.

소련은 예술을 그들의 이념으로 표준화시키려 했다. 예술가 개개인을 살펴보는 대신 전체적으로 보고 구도를 잡았다.
소련 정부가 그런 식의 소모적인 일을 하고 있을 때 CIA는 그들의 추상표현주의가 사회주의적 리얼리즘의 대척점에 서 있다는 것을 포착하였다.

그 당시 CIA의 활동은 미술에만 국한되지도 않았다. 보스턴 심포니 투어, 미국 문학 작가 소개 등 모든 예술 분야를 막론했다. 1952년 보스턴 심포니는 파리 투어를 했다. 수백 년 동안 예술의 중심지였던 파리에서 미국은 '우리 오케스트라가 당신들보다 절대 못하지 않다.'는 것을 떡하니 보여주고 싶었을 것이다.

MoMA와 CIA에서 책임자로 경력을 쌓은 톰 브래든(Thomas W. Braden)은 대통령 드와이트 D. 아이젠하워(Dwight D. Eisenhower)가 100번 연설하는 것보다 미국의 현대 미술 한 작품이 미국을 향한 찬사를 더 받게 만든다고 말했다.

미국은 총도 없이 추상표현주의와 로큰롤로 냉전에서 승리했다. 미국은 이데올로기 싸움에서 승리를 위해 화가 개개인의 이데올로기 검증은 깨끗이 포기하고 거부했다.

러시아는 바실리 칸딘스키(Wassily W. Kandinsky), 말레비치(Kazimir Malevich) 같은 현대미술의 아버지를 배출했으나 사회주의적 리얼리즘이란 명제 아래 화가들은 국가의 공산주의 이상에 부합하는 사실적인 그림만 그리게 되었다. 그 결과 소련은 세계 동시대 미술사의 주류에 합류하지 못했다.

사실 시작은 미국보다 소련이 빨랐다. 1913년에서 1917년 사이 모스크바에서는 엄청나게 혁신적인 미술 운동이 일어났다. 말레비치의 자연과는 아무런 상관이 없이 순수 감성을 드러내는 '절대주의'도 그것들 중의 하나였다. 1913년 말레비치는 「절대주의 기본 요소 : 사각형」에서 검은 사각형 하나를 회화의 완전한 형태로 제시하는 순수 추상으로의 파격적인 도약을 했다. 현제 트레챠코프 미술관에 소장되어 있는 이 그림은 1조 원의 가치를 지닌다.

말레비치는 사회주의적 유토피아를 꿈꾸었으나 소련은 그를 배신하였다.

1922년 소련 당국은 예술 분야에 대한 정화 작업을 시작하며 추상미술을 정식으로 금지하였다. 추상미술을 금지한다는 것은 예술가들의 정신세계까지도 철저히 통제한다는 것이다. 작품에서 '드러난 반항'을 컨트롤하겠다는 것 정도의 문제가 아니라 정신 자체를 통제해 보겠다? 상상만 해도 오싹해지고 소름 끼친다.

사실상 소련 공산당이 원했던 것은 딱 한 가지 그림일 것이다. 스탈린과 공산당을 찬양하는 그림 말이다.

삶의 극단적 진실을 회화에 담고자 하는 말레비치의 열망은 경직된 공산주의 사상에 빠진 소련 당국이 판단하기에는 허황

되고 퇴폐적인 정신병적 집착이나 다름없었다. 소련은 그에게 프롤레타리아적 생활을 강요하였다. 말레비치는 찻잔과 주전자 등을 제작해야 했다.

정말 너무 한 거 아닌가요?
예술가를 로봇으로 만들고 있어요!
예술가가 당신들 눈엔 수공예품을 제작하는 사람 정도로 보이나요?

말레비치는 혁명으로 너 큰 자유를 꿈꾸었겠지만 공산화되자 로마노프 왕조 시대의 시민으로서 누리던 자유까지 빼앗겨 버렸다. 최소한의 예술적 자유와 양심마저 약탈당했다. 이렇게까지 악랄하게 예술가를 짓밟은 것도 모자라 소련 당국은 그의 사상 세뇌 작업에 한계를 느꼈는지 1930년 그를 체포했고, 두려워진 그는 자신의 원고와 자료들을 없애 버렸다. 그리고 당국의 비위를 맞추기 위해 구상화만 그렸다. 살려고 이런 굴욕까지 감내했다.

공산주의자였던 그는 프롤레타리아 혁명으로 일어선 정부에 뒤통수를 맞고 1935년 사망했다. 그의 사진을 보면 우울함이 묻어난다. 그가 놓친 게 있다면 1924년 스탈린이 정권을 잡자마자 빨리 도망쳐야 했다는 것이다. 말레비치와 대조되는 예는 피카소

(Pablo Ruiz Picasso)다. 피카소는 평생 공산당원으로 살며 파리에 둥지를 튼 채 자본주의적 생활을 만끽했다.

위대한 예술가를 공산국가에선 이렇게 처참하게 대우했다.

자본주의 국가는 달랐다. 미국은 가난한 추상표현주의 화가들의 그림을 비싸게 사들이고 생계를 걱정해야 했던 화가들을 뉴욕의 고급 레스토랑에서 랍스터를 즐기게 만들어 주었다. 공산주의자 색출이라는 매카시즘 광풍이 일어도 예술을 터치하지는 않았다.

예술가의 정신까지 지배하려는 소련에서의 추상미술 금지는 얼마나 블랙 코미디인가? 웃프다. 그리고 분노한다.

혁명으로 일어선 소련은 예술가들에게 혁명적 창조성을 박탈하고, 자신들의 눈치나 보는 가련한 위치로 전락시킨다.

칸딘스키의 경우는 판단이 빨라 살았다. 1915년경에 칸딘스키는 모스크바로 돌아와서 개인주의적 관점의 추상회화를 창조하였으나 1921년에는 무국적자로서 독일로 가 버렸다.

절대주의와 구성주의를 거쳐 소련 화가들은 점점 전통적인 구상에 머물러 갇혀있게 되고 공산주의 체제 찬양, 풍경과 일상

생활에 주안점을 두어 작품 활동을 하게 됨에 따라 고립되었다.

모스크바 여행 당시 그곳에서 가장 좋다는 트레챠코프 미술관이 서구 자본주의 체제하의 미술관과 비교해 볼 때 너무 초라하고 어두워 놀랐었다. 석유가 나는 나라라 밤의 길거리 야경은 전 세계 어느 국가보다 번쩍이고 휘황찬란했지만 말이다.

러시아 정교회의 너무나 아름다운 건축물을 보고 비잔틴 성화를 보며 느낀 것은 리시아는 예술에 뛰어난 조상들 덕에 엄청난 문화적 유산을 가졌지만 스탈린 때부터 자학성으로 파괴되어 이제 문화적 소프트웨어가 부족한 나라가 되었다는 것이다.

히틀러와 스탈린은 추상미술을 금지시켰다. 화가에게 가해진 억압은 관람자에게도 폭압이고 폭력이다. 관람자도 함께 상상력이 제한되어 물질적으로 주어진 세계에만 머물러야 한다.
 어쩌면 예술가에게 제재를 가하는 것보다 관객을 향한 이런 식의 조용하지만 억압적인 테러가 더 무섭다.

독재자들은 체제 유지를 위해 국민에 대한 지속적인 감시를 펼쳐야 하므로 그런 식의 말도 안 되는 예술적 투명성을 강조하다 보면 구상밖에 해결책이 없을 것이다.

문학은 어떤가? 1917년 러시아 혁명 이후 반짝 자유로운 순간이 있었고 그 덕분에 미하일 불가코프 같은 작가는 자유롭고 환상적인 소설을 쓸 수 있었다. 그러나 스탈린이 정권을 잡은 1924년부터 그에게 출판 금지라는 악몽이 시작되고 1929년에는 그의 작품은 완전히 금지된다. 그는 1929년에 스탈린에게 망명이라도 허용해 달라는 부탁을 했으나 거절되었다.

그의 작품 『거장과 마르가리타』도 그가 죽은 지 26년이 지나고 브레즈네프 공산당 서기장이 등장하고 나서야 출판될 수 있었다.

누구보다 열렬한 공산주의자이며, 시인인 마야코프스키는 여행을 너무나 사랑하였는데 비자도 계속 거절되고 숨막히는 감시가 계속되자 37살의 나이에 견딜 수 없어 권총 자살을 택했다.

미국이 1940년대에 일찍이 경제나 산업만으로 폼 나는 국가가 될 수 없고 세계를 주도할 수 없음을 알아차린 것과 비교하면 소련은 정권 유지를 위한 개인의 감시체제와 숙청에만 골몰했던 결과로 '냉전체제에서 승리하기 위해서는 문화와 예술에 돈과 핵심 역량을 쏟아붓는 것이 정답'이라는 것을 뼈저리게 느끼지 못했을 것이다.

소련의 예술가들은 망명을 선택하지 않으면 무서운 정부의 눈치를 볼 수밖에 없었다. 망명길도 삼엄한 감시 하에서 찾기도 어려웠을 것이다.

차이코프스키, 라흐마니노프 등의 러시아 음악의 명맥을 잇는 작곡가 쇼스타코비치는 스탈린과 문화부 장관이었던 안드레이 즈다노프가 음악에서 '민요 선율을 중시하고 형식주의를 비판'하는 정책을 펴자 그들의 기분을 맞추느라 스탈린의 조경 정책을 찬양하는 「숲의 노래」 등을 작곡하지 않을 수 없었다. 서방세계에까지 높은 명성을 가진 그가 왜 강도 높게 저항하지 못했냐고 비판할 수 있겠지만 안느레이 즈다노프가 1948년 1월 유머로 가득 찬 「9번 교향곡」을 비롯해 쇼스타코비치의 거의 모든 곡을 금지하자 그는 공산당 정권에 바짝 엎드려 길 수밖에 없었다. 그 역시 가족이 있고 자식이 있었기에…

국가가 통제하는 공산주의 나라는 예술에 있어서 매우 수구적이 될 수밖에 없다. 러시아는 서구 국가들이 현대무용의 혁명을 일으켰을 때 프랑스 루이 14세부터 시작된 전통적 발레에 매달렸다. 혁신이 없고 새로움이 없다.

프랑스 같은 경우는 문화적 다양성을 보장해 주기 때문에 전통 발레도 강세지만 현대무용도 아주 뛰어나다. 현대 예술에서 가장 중요한 것은 창조적 파괴를 통한 혁신이다. 공산주의 사회에서는 공산당 눈치 보기에 급급해서 혁신마저 눈치껏 해야할 것 같다.

지금도 러시아가 자랑하는 그 발레… 나는 모스크바에서 2번 볼쇼이 발레를 본 적이 있는데, 공연은 완벽했지만 안내원들의 매너가 마음에 들지는 않았다. 그들은 모직이 아니라면 조금이라도 부스럭거릴 수 있는 관객의 코트를 벗기고 싶어 했다. 관광객이 30만 원이 넘는 티켓을 사고 이런 위대한 공연을 보는 것을 감지덕지하라고 강요하는 것 같았다.

모스크바의 부활절 콘서트에 갔더니 푸틴의 친구라고 알려진 지휘자 발레리 게르기예프에게 관객들이 줄을 서서 꽃을 바치며 성스럽게 받든다. 유난히 평등을 강조하는 대한민국서 자란 내가 보기엔 영 어색하다. 일종의 반발심마저 든다.

다만 '게르기예프는 친푸틴'이라는 나의 공식은 얼마 전부터 확신은 하지 못하게 되었다. 바이올리니스트 클라라 주미강과 저녁 식사를 하며 그녀의 목소리를 듣게 되었다. 게르기예프가 친푸틴이라고는 할 수 없고, 연주 활동을 위해 푸틴과 문제없이 지내야만 한다고 했다. 그녀는 게르기예프가 마음속의 진실을 밝히기 위해 죽기 전 꼭 자서전을 써 주기를 바라고 있었다.

2014년의 영국 런던의 바비컨 센터서 본 런던 심포니 공연.

그곳에서도 당시 런던 심포니의 상임 지휘자였던 지휘자 발레리 게르기예프와 피아니스트 데니스 마추예프의 「라흐마니노프 3번 협주곡」을 들었다.

제일 싼 가격인 2~3만 원대의 표를 구했는데 그 당시 내가 있던 부에노스아이레스의 집까지 선명하게 내 이름을 박은 입장권을 보내주었다.
몇 개월 후 공연장을 찾아가니 발랄한 리셉션 아가씨가 너무나 반갑게 맞아준다. 친절을 한껏 품고서… 모스크바의 볼쇼이 발레에 있는 딱딱하고 굳은 할머니 안내원하고는 너무 다르다.

적은 돈으로 인간다운 품위를 누리고 살려면 자본주의 체제 하에서이다. 러시아는 공산주의 소련의 망령이 아직까지도 숨통이 끊어지진 않은 것 같다. 평등은 자본주의 하에서만 꿈꿀 수 있을 뿐이다.

정권의 구미에만 맞는 예술을 하다 보면 그 예술 수준 또한 뻔하게 될 것 같다. 북한의 아리랑 체조가 21세기에 웬 말이란 말이냐?
컴퓨터 그래픽으로 더 완벽하게 만들 수 있는 것을 어린이들을 화장실도 못 가게 하며 혹사시키나? 기계처럼 교육시켜도 인간은 완벽함에 있어 로봇보다 뒤떨어진다. 북한의 어린이들과 청소년들은 집단생활을 통해 참을성과 인내심은 키우겠지만 창조성은 말살될 것이다. 그래, 예술은 차치하고 사람 목숨을 파리 목숨보다 못하게 여기는 그들에게 나는 오늘도 분노한다.

2012년 3월 파리 살 플레옐(Salle Pleyel)에서 생상스의 「서주와 론도 카프리치오소」를 연주한 은하수 악단 악장 문경진은 리설주에 대한 소문을 퍼뜨렸다는 확인되지도 않은 혐의로 고사총으로 공개 처형당했다. 이런 재능 있는 바이올리니스트가 북한에서 태어난 것만 해도 기가 막힌 노릇인데 왜 이렇게 어이없이 죽어야 하나?

중남미에서 공산화의 길을 걸은 국가는 쿠바밖에 없다. 멕시코 같은 경우는 공산주의자가 많았지만 미국과 국경이 맞닿아 있어서 공산세력들을 효과적으로 분쇄한 것 같다.

세계사의 거대한 흐름은 코민테른이라는 국제적 공산주의 활동이 꽃피웠던 20세기 초반을 지나서 미, 소의 거대 세력의 대결의 장이었던 냉전시대가 끝나고 소련이 몰락하자, 결국 공산주의는 사회주의라는 형제를 남긴 채 역사적 주류의 뒤안길로 사라지게 되었다.

아직 중국, 쿠바, 북한이 남아있긴 하다. 하지만 지금의 북한은 공산주의 국가라기보다는 폭압적인 왕조 체제라는 표현이 맞는 것 같고 중국은 오래전에 경제적 자본주의를 택했다. 섬나라 쿠바는 미국의 제재로 고립되어 다른 나라들에게 영향력을 행사할 수 없게 되었다.

마르크스는 자본주의의 융성이 최고조에 이르게 되면 결국은 멸하고 공산화로 접어든다고 했지만 실제로는 공산화는 주로 저개발 국가에서 일어나거나 동유럽의 경우와 같이 소련의 침탈 과정을 겪어 한때 강제 공산화에 이른 경우밖에 찾아볼 수 없다. 물론 100년 후의 일은 그 누구도 장담할 순 없지만 말이다.

러시아가 우크라이나에 저지른 꼴을 보면 21세기 공산주의는 정신병이다.

언론인이 자유롭게 푸틴을 비판하지 못 하는 나라, 러시아…
아직도 쥐도 새도 모르게 붙잡혀 갈 수 있는 나라, 러시아…
깊은 환멸감이 든다.

단시간에 민주적 역량까지 갖춘 우리 대한민국은 김구 선생께서 말씀하신 대로 전 세계에서 문화로 우러러보는 나라가 되고 중심이 될 수 있을까? 불가능하게 보였던 이런 일들이 이제는 목전에 다다른 듯하다.

이제 대한민국이 미국과 바통 터치를 해서 세계 문화의 중심 국가가 될 때가 온 것 같다. 다만 예술에서만이라도 좌파, 우파로 가르는 일들은 절대로 없어야 한다.

윤이상은 윤이상이고 안익태는 안익태다. 진보 정부 하에선 안익태를 비판하고 보수 정부 하에선 윤이상을 비판하며 편 가르기를 하는 것은 너무 수치스럽다. 적어도 문화 예술에서만은…

예술은 예술이다.

예술의 중심은 이탈리아에서 오스트리아로, 오스트리아에서 프랑스로, 프랑스에서 미국으로 옮겨 갔다.

이제는 대한민국의 차례다!!!

5. 사다리 오르기

이런 꿈같은 일도 생긴다. 그들만의 리그라고 느꼈던 칸 영화제에서 최고상인 대상을 수상하고, 미국인들의 잔치라서 한국인과는 아무 인연이 없을 것 같은 오스카 영화제에서 봉준호 감독의 〈기생충〉이 외국영화로서는 최초의 작품상까지 포함해서 4개 부문에서 석권했다. 수상 발표가 있던 날 흥분해서 잠을 이룰 수 없었다.

수상 후 스페인 언론이 다룬 기사의 댓글들을 보면 자본주의와 공산주의 대한 논쟁이 많았다. 봉 감독은 〈설국열차〉에서도 빈부차를 소재로 다루었지만 설국역차는 SF 영화라 설정 자체가 우리의 일상생활과는 차이가 많이 느껴지는데 비해 〈기생충〉은 모든 사람들이 거주하는 집을 소재로 삼고, 대중들이 욕망하는 미니멀리즘 스타일의 집을 보여줌으로써 영화를 보는 내내 사람들의 욕망을 자극한다.

이 영화를 처음으로 본 것은 남프랑스 여행 중의 2019년 8월의 엑상 프로방스에서였다. '극장 좌석이 얼마만큼 차느냐'와 '프랑스 관객들이 얼마나 영화에 관심을 기울이고 집중하는지'를 확인하고 싶었다. 칸 대상작이라서 그런지 적어도 좌석의 절반은 채워졌다. 그 정도면 이 영화는 마니아층만이 보는 영화는 아니라는 것이 증명된다.

스페인에서는 2019년 10월 25일부터 개봉되었는데 영화를 보는 스페인인들을 보며 저 사람들이 이 영화를 보는 일차적인 이유가 궁금해졌다. 스페인과 한국은 1인당 국민소득이 비슷해 '대한민국에선 부자와 가난한 사람들의 생활이 어떨까'라는 궁금증이 그들도 있을 것 같다. 입장을 바꿔놓으면 나도 스페인의 거장인 페드로 알모도바르 감독이 스페인의 빈부차를 다룬 영화를 만들었다면 구미가 당길 것 같다.

〈기생충〉의 공간에서 연속적으로 보여주며 흥미를 잡아끄는 것은 높고 낮음을 시각적으로 형상시킨 계단들, 곧 사다리들이다. 영화 속의 계단, 또는 사다리는 욕망을 채우기 위해 무조건 올라가야만 한다. 그래야지만 삶의 필수조건과 충분조건이 충족된다. 영화는 '높은 곳은 안전하고 낮은 곳은 위험하다'라는 메시지를 던지고 있다.

사람이 발을 딛고 살아가야 하는 곳이 땅인데 그마저도 여의치 않으면 땅 밑으로 두더지처럼 기어들어 가야 한다.
지하실서 사는 문광의 남편에게 기택이 이런 곳에서 어떻게 사냐고 물으니 "땅 밑에서 사는 사람들이 많다."고 대답한다.

영화에서 삶의 공간이 세 개의 층으로 나눠진다. 박 사장의 집, 기택의 집과 문광의 남편이 거주하는 곳…

박 사장의 주거 공간은 환하고 밝아서 사회적, 문화적 안락함이 침투되어 있는 곳이고 문광의 남편이 사는 곳은 빛이 차단된 어둠의 공간이고 가족이 함께 거주하기 힘든 곳이다. 그 중간에 기백의 가속이 사는 반지하 집이 있다.

꼽등이가 출몰하고 방에서 창문을 내다보면 벽에다 오줌을 갈겨대는 사람들이 보이고, 환기가 완전하지 않아 뭔가 냄새가 난다. 집은 정리가 되지 않아 어수선하고 낡았다. 사다리 아래의 삶이기에 홍수가 나면 침수되고 전원 백수 가족이기에 와이파이조차 없다. 하지만 부모와 자식들로 구성된 '정이 있는 가족들의 최소한의 거주 공간'으로서의 역할은 하고 있다.

한국의 언론들은 반지하라는 것이 한국에서만 존재해 번역하기가 곤란했다고 하는데 그렇진 않다. 지금 내가 거주하고 있는 마드리드에도 반지하(semi-sotano)는 존재한다.

기택의 가족은 박 사장 집을 알기 전엔 사다리 오르기를 갈망

했다고 볼 수 없다. 박 사장 가족을 알고부터 자기들도 미처 몰 랐던 숨겨진 욕망이 피어오르기 시작했다. 기택의 아들 기우의 친구인 민혁이 기택의 가족에게 선물해 준 수석은 사다리 오르 기에 대한 잠자던 욕망을 깨우는 도구로 볼 수 있다. 위로 올라 갈 수 있다는 헛된 희망만 불어 넣은 그 수석이 종국에는 기택의 가족을 파멸시킨다.

전직 가사도우미 문광이 기택 가족의 음모로 박 사장의 집에 서 쫓겨난 후. 비 오는 날 남편에게 먹을 것을 주러 박 사장 집에 오게 된다. 서로의 정체가 탄로 난 후 문광은 기택 가족을 상대 로 필사적인 싸움을 벌이다 지하에 갇히게 된다. 영영 지하공간 을 벗어날 희망이 보이지 않고 생명마저 위험하게 되자 "살려달 라"고 사모님을 소리쳐 부른다.

그녀는 사다리를 오르며 탈출 직전, 라이벌인 현직 가사도우 미 충숙에게 차이고 만다. 자기들이 점령하고 있는 중간층에 문 광이 올라와서 자신의 공간을 빼앗을까 봐 해머던지기 선수 출 신인 기택의 부인 충숙은 사다리(계단)를 올라오고 있는 문광을 힘껏 필사적으로 걷어차고 문광은 지하로 굴러떨어지며 뇌진탕 을 입게 된다.

기택의 가족은 매우 바쁘다. 지하에서 상승하려는 사람의 사다리를 걷어차는 동시에 사다리를 올라가야 한다는 과업이 주어지며 계층 이동의 꿈을 꾼다.

그들의 사다리 오르기는 주로 문서위조나 거짓말, 라이벌을 모함하는 행위 등으로 이루어진다. 왜 정정당당하게 하지 않느냐는 비난을 할 수 있지만 박 사장 댁에 취직하는 수단은 공채가 아니라 개인적인 연줄에 의지해야 하기에 달리 방법도 없다. 하지만 제일 위쪽에 자리 잡은 부자들의 사다리 걷어차기 행위 또한 우아함을 가장하긴 했지만 만만치 않다.

박 사장은 영화에서 고용인들이 선을 넘는 게 싫다고 하며 선에 대해 계속 강조를 하는데 선을 결국 사다리로 볼 수 있다.

각기 각자의 영역에서 놀아라! 살아라! 꿈꿔라?
박 사장은 자기 고용인의 선을 넘지 않는 태도에 대체로 만족하는 편인데 운전기사인 기택한테서 나는 냄새가 그 선을 넘는다고 거실에서 아내와의 은밀한 사랑을 나누기 직전에 불평한다. 냄새…

냄새는 선과 사다리의 은유인 동시에 선을 넘고 사다리를 올라가려는 자들의 질긴 욕망이다. 가난한 사람들이 사다리를 올라가려는 욕망만 보여도 부자들은 불안해져 사다리를 확 걷어차고 싶어 한다.

태도나 말로 넘어오는 것에 대해선 부자들은 단숨에 잘라 버리고 사다리를 걷어찰 수 있지만 이 무형의 욕망인 냄새가 사다리를 타고 스멀스멀 올라올 때는 위 공간에 사는 부자들도 어찌할 도리가 없다.

냄새는 선을 넘으려는 김기사 가족의 파죽지세의 기세일 것이다. 김기사의 아들 기우가 사위로 들어와 그 집을 차지하고 싶어 하는 공상을 나누며, 웃고 떠드는 가족들의 분위기는 냄새의 또 다른 표현일 수 있다.

박 사장 가족의 가장 약한 끈인 사춘기 소녀 다혜에게 사랑의 감정을 느끼는 기우는 박 사장의 사위가 되어 그 사다리를 올라갈 수 있지 않을까 하는 헛된 공상도 해 본다. 가난한 가족은 상징이라는 단어를 많이 쓰는데 부자가 되고 싶다는 숨겨진 욕망일지도 모르겠다.

소파에서 마음껏 섹스를 나누며 쾌락에 몰입하는 박 사장의 아래에는 숨죽이며 숨어있는 김 기사 가족들이 있다. 부자들은 홍수가 난 후에 갠 날씨를 만끽하지만 가난한 사람들은 그렇지 못하다. 김 기사는 홍수가 난 이후부터 얼마나 거대한 벽이 자신과 부자들 사이의 계단에 존재하는지 깨닫게 되고 부자들에 대한 적의가 싹트기 시작한다.

박 사장 아들의 생일날. 살인사건이 일어나게 되어 박 사장 부부가 떠나자 독일인들이 그 집에 거주하게 되고 기택은 지하로…

기택은 원래 살던 반지하에서 더 아래 칸에 위치한 완전한 지하에서 거주하게 되었다. 그는 밤의 바퀴벌레가 되어 냉장고 안의 음식을 훔쳐 먹기 위해 선을 넘고 사다리를 오르고 목숨을 건 위험과 싸우게 된다.

대만 카스텔라… 기택과 지하실에 사는 전직 가정부 문광의 남편은 동일한 업을 하다 망했다. 대만 카스텔라는 어떤 전문성을 보유하지 않아도 누구나 할 수 있고, 소자본으로 할 수 있는 유행을 타는 아이템이고, 사다리의 밑에 존재하는 누구에게나 기회가 활짝 열린 일이다. 그러므로 파산의 그림자가 짙게 깔린 위험한 일이기도 하다.

차 안에서 박 사장은 '가정부 아줌마는 구하기 쉽다.'고 이야기한다. 사다리 위의 사람들이 사다리 아래의 사람들을 그들에겐 푼돈 수준인 돈을 주며 고용하기는 쉽다. 이런 직업들은 사다리를 타고 올라가서 사회, 경제적 신분 상승을 하기는 힘들어 경력이나 기간에 상관없이 생의 전반에 걸쳐 지속적으로 사다리 아래에서 생존할 가능성이 높은 일들이다. 사다리를 올라간다 치더라도 사다리 위에 버티고 있는 누군가에게 발길로 차임을 당하기 십상일 것이다.

철커덕, 철커덕… 점점점 문들은 닫혀 버린다.

김 기사 가족은 사실 박 사장의 사회적 위치나 부를 탐하지는 않았다.

박 사장이 던져 주는 부스러기나 모으며 자기들이 현재 처한 위치보다 조금 더 위로 올라가기만을 원했다. 그러다가 더 아래 계단의 경쟁자들을 만나게 되어 원래 자기들이 있던 사다리에 서조차 추락해서 몰락하였다.

좀 더 가지고 싶다. 좋은 동네서 좋은 전망을 바라보고 살고 싶다. 누가 자본주의 사회에서 이런 기본적 욕망에 대하여 침을 뱉으랴?

사람마다 꿈과 욕망이 다 다르면 세상이 아름다워질 터인데 김 기사의 가족도, 문광 부부도 박 사장 가족의 삶을 동경한다. 그래서 슬프고 천박해지기 쉬운 이 세상이다.

이 영화를 보니 자꾸 멕시코가 떠오른다. 슈퍼 리치들이 넘쳐나는 나라 멕시코에도 극단적으로 가난하게 살아야 하는 사람이 있다. 매달 초대받아 가는 학부모들의 집은 수영장이 있고, 파릇파릇하게 잘 관리된 잔디가 깔려 있으며, 인테리어가 훌륭한 2층집으로, 가정부가 2명 이상 있었다.

이 나라가 어디인가? 경제적으로 여유와 안락이 넘치는 이곳… 사전 정보 없이 경험부터 한다면 단연코 세상에서 1인당 국민소득 1위의 나라인 줄 알 것이다.

시골로 여행 가서 본 멕시코는 어떤가?

한 번은 우리보다 연세가 드신 부부와 여행을 하던 중에 자동차로 새벽에 길을 나섰는데 갑자기 사람들이 길을 막는 것이다. '어이쿠, 말로만 듣던 강도를 드디어 만났네!' 생각한 순간, 앞을 바라보니 어린아이들이었다. 홈이 파여진 길을 자동차가 지나갈 수 있도록 모래로 막았으니 돈을 달라는 것이었다.

시골로 가면 하루 종일 흔히 볼 수 있는 광경이었다. 학교를 다니지 않는 아이들이 너무나 많았다.

삽과 흙을 가지고 다니며 홈이 파인 길을 메우고 돈을 받는 것이다. 그리고 난 뒤 차가 지나가면 다시 홈에 있는 흙을 파내어 다음 차를 기다린다. 어찌 보면 학교를 안 다녀 자유롭고 좋긴 한데 미래가 걱정이다.

슈퍼를 가면 청소년들이 잔돈을 받고 계산대에 있는 물건을 담아주고, 계산을 마친 후 카트기를 끌고 가면 또 다른 아이가 달라붙어 카트기를 끌어주고 주차장까지 가서 차 트렁크에 물건을 담아 주고 돈을 받는다. 미래가 없는 일을 하는 청소년들이다.

확실하게 분리된 도시, 멕시코시… 비싼 아파트는 철통같이 경비한다. 멕시코와 아르헨티나에 머물 당시 아파트에는 고용인들이 드나드는 출입문이 따로 있었고 엘리베이터도 분리되어 있었다. 요즘 한국의 어떤 아파트도 그런 식으로 짓는다는 기사를 본 적이 있다. 집 안에서도 사다리를 놓고 층을 만들어야 하나?
그렇게 살아야 만족스럽고 편안할까?

멕시코에선 어른들의 세상만 그런 것이 아니고 출발선상에서도 사다리 올라가기는 불가능하다는 게 느껴진다. 유치원부터 학비로 극명하게 나뉘기 시작한다.
한국은 공교육이 우수하지만 멕시코는 무너진 지 오래고 학교마다 교육수준이 너무나 다르다. 부모가 한 달에 얼마를 지불할 수 있느냐에 따라 차별적 교육이 따라다닌다.

비싼 학비를 지불할 여유는 없지만 미국과 가까운 멕시코의 동네에서 평범하게 살며 미국 국적을 가지고 있는 멕시코 아이들 중의 일부는 미국으로 학교를 다닌다. 멕시코에서 사는 아이가 새벽에 일어나 국경을 넘어 미국 학교로 가는 케이스가 가속도로 증가하고 있다. 미국과 멕시코의 국경은 선이자 사다리다. 미국인 중엔 국경에서 기다렸다가 보란 듯이 불법으로 선을 넘는 멕시코인들을 쏘아 죽이는 무서운 총잡이들까지 있었다.

학생들은 미국으로 향하는 멕시코의 계절 노동자들과 서로 타려고 밀쳐대는 북새통을 겪으며 위험을 무릅쓰고 한 트럭에 탄다. 아무리 새벽 4시부터 일어나 서둘러도 1교시 수업을 놓치고 수업 시간에 꾸벅꾸벅 조는 경우가 허다하다.

왜 그들도 편하게 집 가까운 학교로 가지 않을까? 멕시코에 위치한 집에서 가까운 학교와 미국 학교의 교육 수준의 격차가 너무 크기 때문이다.

이렇게 되다 보나 국경지역의 미국 학교는 과밀학급으로 학생들이 넘쳐나 미국 학부모들의 원성과 불만이 차오른다. 그들은 자기 자식들을 위해 멕시코에서 힘겹게 등교하는 아이들의 사다리를 걷어차고 싶은 심정일 것이다.

후안 카를로스는 미국의 캘리포니아주와 국경을 마주한 멕시코의 티후아나 근처에 산다. 그는 사우스 웨스턴 고등학교에 가기 위해 새벽 4시 30분에 기상한다. 새벽닭이 울기 전에 학교에 가고 달과 별과 함께 집으로 온다.

그의 어머니는 그에게 아침밥을 차려주고 도시락을 싸 주기 위해 새벽 3시 반에 일어난다.

등굣길만 평균 3시간을 잡아야 한다. 극심한 정체가 생길 때는 가는 데만 6시간이 걸린다. 가고 오는 데만 6-10시간이 걸리다니?

911 사건으로 국경이 폐쇄되었을 때는 학생들이 집에 돌아가지 못하고 공원에서 캠핑을 하며 1주일을 견뎌야 했다.

학창 시절을 추억해 보면 초등학교 땐 걸어서 학교에 다녔고, 중학교 배정할 때는 부모님께서 가까운 중학교를 소원하셨던 기억이 난다. 고등학교도 버스로 몇 정거장이었다. 중고교 평준화 시절 집에서 학교까지의 거리가 선택에 있어 가장 중요한 사항이었다.

손톤 와일더(Thornton Niven Wilder)의 희곡 「우리 읍내(Our Town)」의 배경이 되는 '어떤 지구마을'에선 아침이 참 바쁘다. 아빠가 의사인 깁(Gibbs) 집안과 신문기자인 웹(Webb) 집안은 아침부터 "일어나라!"고 소리 지르며, 마을에 있는 초등학교에 보내기 위해 아이들을 깨우고 밥을 먹이려는 엄마들로 분주하다. 지금부터 100년도 더 된 일이지만 그들에겐 가까운 학교에 다니는 일은 너무나 자연스러웠고 당연했다.

작은 마을에서 함께 자란 이 두 가족의 자식들인 조와 에밀리는 자라서 부부가 된다. 에밀리는 아기를 놓다 죽게 되는데, 죽고 나서 평생 살아온 자기의 마을을 영혼이 되어 떠돌게 된다. 그러면서 뒤늦게 깨닫는다. 아침 등교를 준비하고 엄마가 도시락을 마련해 주는 평범한 일상들이 얼마나 소중하고 축복으로 가득 찬 일이었는지를 알게 된다.

이렇게 지상에서 하루를 보낸 에밀리는 '지구여, 안녕'하고 하늘나라로 떠난다.

만약 미국과 멕시코의 국경을 넘어 학교를 다니던 아이들이 죽어 영혼이 되어 하루 동안 지상으로 와서 자기가 어린 시절 학교 다니던 모습을 바라보았을 때 행복했다고 느낄 수 있을까? 내 생각엔 아닐 것 같다. 그 영혼들 중엔 분노하는 아이들도 있을 것 같다. 영혼에게 힘이 있다면 천둥을 치고 번개를 일으키고, 지진으로 국경의 장벽을 다 부서지게 만들 것 같다.

집에서 가까운 학교에 가서 좋은 교육을 받는 게 그렇게 허영이고 사치인가?

100년 전에도 누린 일들이 현대의 미국과 국경을 접하고 사는 멕시코에서 거주하는 평범한 학생들에겐 왜 그리 사치스런 일이 되었나?

왜 새벽에 일어나 학교에 가서 졸아야 하나?

UCSD(University of California in San Diego) 연구에 따르면 멕시코에 살며 미국서 학교 다니는 학생들은 불안감과 우울증을 겪을 확률이 높다고 한다. 학생들은 날마다 국경선을 넘는 것을 불안해하고, 학교에 잘 도착할 수 있을지 걱정을 한다. 국경 폐쇄에 대한 두려움과 국경 경비대에 의해 함부로 취급될까 봐 걱정한다.

사다리를 일시적으로 넘나드는 일도 이리 힘이 들까? 사다리 위로 가서 살겠다는 것도 아니고 저녁이 되면 돌아오겠다고 하는 어린 학생들한테도 말이다.

캘리포니아의 출라 비스타(Chula Vista)에 위치한 사우스 웨스턴 고등학교의 30~40%가 멕시코 거주자이다. 대부분이 멕시코계 미국인들이지만 이 중에는 백인 미국인, 아프리카계 미국인, 아시아계 미국인들도 있다. 이들 미국인들은 왜 미국 땅을 버리고 국경을 넘어 멕시코 땅에 와서 사나?

그들은 자발적으로 사다리를 내려왔나?

__스스로의 순수한 의도로 사다리를 내려오는 사람이 과연 얼마나 될까?__

그들은 가난 때문에 스스로 사다리를 순순히 내려온 케이스라 볼 수 있다. 캘리포니아 주의 주택 임대료가 너무 비싸 사다리를 내려와 보다 저렴한 멕시코 북쪽으로 가야 했다.

국경선은 그들에게 거대한 장벽이 되었다. 한때는 캘리포니아가 멕시코 땅이었지만 미국과 멕시코의 전쟁에서 멕시코가 패배한 후 1848년 캘리포니아는 미국 땅이 되었다. 땅을 빼앗긴 그 해에 캘리포니아에서 대규모 금광 노다지가 발견되어서 도시 규모들이 커지고 번영의 길을 걸었으니 멕시코인들은 얼마나 아깝고 억울할까? 그것만 있어도 자손 대대로 잘 살 수 있었을 텐데 라는 생각이 들어 속이 무척 쓰렸을 것이다.

노다지는커녕 뺏어간 놈들이 이제 자기 땅에 못 들어오게 하고 있으니… 트럼프는 멕시코와 미국 국경에 더 길고 높은 장벽을 쌓았다.

지금의 이 상황은 우연들이 쌓임으로써 그 결과로 운명이 되고 역사가 되어 버린 한 가지 예이다. 멕시코는 스페인으로부터 1821년 독립을 하고 내환에 시달렸다.

그 당시에는 북멕시코에 속한 텍사스 같은 경우는 거주자의 숫자가 너무 적어 멕시코는 미국인들의 멕시코 정착을 장려한다. 무상으로 토지를 불하하고, 4년간의 세금을 면제해 주는 등 이민 장려 정책을 펼쳤다. 미국이 불황에 빠진 상태라 첫해에 297명의 이주민을 쉽게 모집할 수 있었고 많은 미국인들이 벌이가 좋은 장사를 위해 텍사스로 오는 바람에 텍사스 인구는 점점 늘어나게 되었다.

텍사스에 거주하는 미국으로부터 온 이민자의 숫자가 7,000명 이상이 되어 멕시코 원주민의 숫자보다 2배를 넘어버린 1830년, 그제야 멕시코 정부는 당황하게 되었고 텍사스를 미국에 빼앗길 수도 있다는 위기의식이 생겨난다. 4월 6일에 이민 제한 법률을 제정해 관세를 징수하기 시작하고, 노예제를 금지한다. 그 당시 미국에는 노예제가 엄연히 존재했었지만 멕시코에는 1823년 헌법이 제정되며 노예제가 폐지되었다.

그 후 멕시코 정부와 텍사스인들 간에 크고 작은 싸움이 생기다 1836년 4월 2일 산 하신토(San Jacinto) 전투에서 텍사스 자치주가 승리를 거두고, 멕시코의 실권자 산타아나 장군(Santa Anna)은 포로로 잡힌다. 텍사스는 독립을 선포하고 1845년 12월 미국의 26번째 주로서 미국에 합병된다.

텍사스는 사실 얼마나 자본주의적 매력을 뽐내는 땅인가? 검은 황금으로 불렸던 석유가 펄펄 솟아나 그것만 있었어도 멕시코는 지금쯤 캐나다 수준의 경제 상황이 되었을지도 모른다.

1846년에는 영토 갈등으로 미멕전쟁이 발발하고 1847년 9월 14일 미국은 멕시코시를 점령해버려 멕시코의 어린 사관생도들이 차풀테펙 성에서 결사 항전했으나 패배했다. 결국 1848년 2월 과달루페 이달고 조약(Tratado de Guadalupe Hidalgo)이 맺어짐으로써 멕시코는 캘리포니아, 뉴멕시코, 애리조나, 네바다, 유타, 콜로라도라는 멕시코 영토의 반 이상을 미국에 내어주어 버리고 만다. 1820년대 10년 동안 미국 이민을 장려한 결과가 100년 후 두 나라의 명암이 엇갈려 버린 역사를 만들고 말았다. 미국이 멕시코로부터 빼앗은 엄청난 땅덩어리는 훗날 팍스 아메리카나(Pax Americana)의 토양을 쌓게 된다.

멕시코는 참 억울하다. 팀 마샬(Tim Marshall)이 『지리의 힘』에서 언급한 것처럼 미국은 멕시코의 노른 자위 영토를 구입(실상은 탈취)함에 따라 에너지까지 자급자족할 수 있게 되었고, 지금까지도 팍스 아메리카나를 구현하고 있다.

이제는 미국과 멕시코 국경뿐 아니라 멕시코와 과테말라 사이에도 엄격한 국경 통제가 시행되고 있다. 현재 멕시코 대통령은 좌파 진영의 로페스 오브라도르인데 트럼프가 멕시코와 과테말라 국경을 철저히 지켜달라 요구했을 때 별다른 반응이 없었다. 하지만 트럼프가 관세를 이용해 압박을 가하자 오브라도르도 방법이 없었던지 중미에서 빈곤과 폭력을 피해 미국으로 향하는 카라반(중남미에서 마약과 폭력 사태를 피해 북상하는 이주자 행렬)들을 과테말라와 멕시코 국경에서 국가 방위대를 시켜 무력으로 막아 내었다. 과테말라에서 미국 국경으로 가려면 불법이민 브로커를 뜻하는 코요테(Coyotes)나 포예로스(Polleros: human smugglers)한테 바치는 돈만 5천 불이 든다고 한다. 누구에게는 푼돈일 수도 있겠지만 또 다른 누구에게는 목숨 값이다.

산다는게 이렇게 치사한 건가? 아니면 이렇게 살기 위해 발버둥치는 것이 숭고한 삶일까?

가난에서 빠져 나오려는 처절한 몸부림이 도리어 그들을 죽음으로까지 내몰고 있다.
더욱 비극적이고 기가 막힌 것은 이렇게 죽은 불법 이민자들의 가족들은 그들이 미국에서 일자리를 얻어 잘 생활하고 있는 줄 아는 것이다.
자기들의 자식, 남편, 형제, 부모가 신원도 파악되지 않은 채 이국의 공동묘지에 묻혀 버렸다는 사실은 꿈에도 모른 채…

UN의 발표에 의하면 특히 2019년에 불법으로 국경을 넘은 이민자들의 피해가 막심해 멕시코에서 사막이나 강을 건너 미국으로 가는 사람들 중에서 적어도 810명의 사람들이 사망했다고 한다. 사막에서 목말라 죽고, 굶어 죽고, 일부는 국경 근처의 미국 민간인들에게 사살당했다.

미국 국경에서 항의하고 있는 카라반들, 《엘 솔 데 티후아나》

미국은 세계를 향해 경제적 벽과 이민자들에 대한 벽을 점점 거대하게 쌓아 나가고 있다. 국가가 거대한 벽돌을 쌓으면 그 국가에 소속되어 있는 국민들은 이민자들을 향해 차별적 시선과 냉대라는 진흙으로 그 벽을 촘촘하게 메꾸게 된다.

은희경 작가의 단편 『우리는 왜 얼마 동안 어디에』서 한 미국인 여성은 '제3세계의 온갖 사람들이 몰려드는 뉴욕은 더 이상 미국이 아니고 자신의 출신지인 아이오와 같은 중부만이 진정한 미국 문화의 순혈성을 지키고 있다'고 떠들어대며 취중진담을 내뱉고 있다.

차별적 시선은 날을 세우고 가시가 돋쳐 있다.

멕시코는 미국보다 가난한 땅이고 미국에 사는 히스패닉들 또한 평균 소득이 백인보다 낮다. 부의 대물림, 환경의 대물림을 끊어야 하는데 추월차선을 찾는 것은 생각보다 쉽지 않다.

봉준호 감독이 "물은 위에서 아래로 흐르기는 쉽지만 역류하기는 어렵다. 슬픈 현실이다"라고 한 말이 씁쓰레하다. 부국에서 빈국으로의 이동은 식은 죽 먹기지만 그 반대의 상황일 경우엔 목숨을 건 도전이다.

불법 이민자들은 국경을 넘기 위해 목숨을 걸어야 하고, 국경을 넘어 학교를 다니느라 인권이 짓밟히는 생활을 학생들이 감수해야 한다.

개인의 빈부차가 계층 이동의 문제를 낳았다면 국가 간의 빈부차도 자유로운 이동을 저해하는 요소가 되었다. 몇 해 전 세상의 관심이 집중되었던 영국의 브렉시트(Brexit)도 가난한 동유럽 국가와의 손익계산서가 깔려 있다.

국경선이 완벽하게 폐쇄된 곳은 대한민국과 북한과의 경계에 놓인 휴전선이다. 이동을 완전하게 가로막아 놓았기에 휴전선을 넘어오는 불법 이민자는 존재하지 않는다. 하지만 인공적인 이 선이 언제까지 가능할까? 남의 나라 이야기만 하고 있을 수도 없다. 1945년 해방 이후 남과 북으로 갈린 지가 80년이 채 안 되었는데 이제는 사회경제적 격차가 너무 크게 나서 탈북민들은 남한 정착에 큰 어려움을 안고 산다.

사실 남한에 사는 사람들은 행운으로 이렇게 부강한 사회에 살게 되었고 북한 주민들은 불운으로 극단적 독재 체재에서 고통받고 있다. 적어도 우리는 차별이라는 정서적 폭력으로 탈북민들의 사다리를 걷어차서는 안 될 것 같다.
우리가 그들보다 잘난 점이 있다면 운 좋은 것 밖에는 없으니 말이다.

사람이 먼저다. 내국인이건 외국인이건 사람이 소중하다.
선 너머에는 희망이 기다리고 있을까?
국경 너머에는 희망이 기다리고 있을까?

나는 원래 선을 넘는 일을, 국경 넘기를 아주 좋아하는 사람이었다. 20년 전 스페인에 살았을 때도 파리를 좋아했다기보다 스페인과 프랑스 사이의 국경 넘기를 좋아해서 자주 파리로 갔었다. 1996년, 그때도 이미 유럽 국가간의 국경 초소가 사라졌을 때라서 자유로운 분위기를 주는 데다가, 국경만 넘어서면 확 바뀌는 풍경은 해방감에서 나오는 환호성을 지르기에 충분했다.

그런데 이제 국경을 넘어서 어딘가를 가는 일은 나에게 고역이 되어 버렸다. 5년 동안 멕시코에 살면서 딱 두 번 미국으로 육로 여행을 한 적이 있다. 유럽의 국경과는 달리 미국과 멕시코의 국경은 황량하고 끝 모를 벽이 높게 둘러쳐 있고, 무장한 경찰들의 삼엄한 경계가 펼쳐지고 있었다. 거기다 미국 초소병들의 기본적 태도가 너무나 당당해 썩 기분이 좋지는 않았다.
미국으로 갈 땐 차에서 내려 서류 증명 등의 시간이 꽤 걸리고 까다로웠는데 멕시코로 돌아오는 길은 너무나 달랐다. 그냥 운전만 하고 오면 그만이었다.

2020년 4월 20일 마드리드의 봉쇄된 집에서 이 글의 마무리를 하고 있는데 텔레비전에서 코로나로 인해 국경을 폐쇄시켜 놓아 북아프리카의 불법 이민자들이 스페인 영내로 들어올 수가 없다고 한다. 사정이 이러니 수확을 할 수가 없어, 과일과 채

소가 밭에서 썩고 있는 모습을 비춰 주었다. 할 수 없이 궁여지책으로 도시에 사는 다른 직업을 가진 스페인인들이 시골로 가서 일손을 돕고 있다.

스페인에선 슈퍼마다 싱싱한 오렌지를 즉석에서 직접 짜 먹을 수 있게 해 놓아 500ml 한 통에 3천 원 정도만 주면 '천상의 맛의 오렌지'를 맛볼 수 있다. 그런데 벌써 2달 정도 그 주스가 보이지 않는다.

스페인 옆 동네, 프랑스는 2차 세계 대전 이후의 선거는 거의 중도 좌파와 중도 우파의 싸움이었는데, 2020년 선거는 르펜이라는 극우와 마크롱 중도 좌파의 경합이 되었다.

빈부 격차가 극심해시고 시민들의 원성과 불만이 높아지니 극우는 반글로벌화, 반이민 정책을 내세움으로 인기를 얻고 있다. 자국민 우대 정책과 프랑스 국민에게 혜택을 부여하는 주거 정책, 일자리 등을 공약으로 내세우고 공공 단체에서 무슬림들이 착용하는 스카프를 금지시켰다.

프랑스 혁명의 인권, 평등, 박애의 이념이 200년도 더 지난 지금 무너지고 있다. 프랑스뿐 아니라 네덜란드, 핀란드, 이탈리아, 스페인, 스웨덴 등에서도 극우 정당들이 범죄 증가와 주택 가격 상승 및 사회복지 지출 부담을 이주민 탓으로 돌린다.

이 글을 시작할 때보다 코로나로 인해 상황은 더 비관적으로 되었다. 이제 인류는 더욱더 높은 벽을 쌓으며 타인의 사다리를 확실히 걷어찰 때가 되었나?

6. 타코, 나의 솔푸드

멕시코를 떠난 후 가장 그리웠던 음식은 고급 식당의 현대성이 가미된 퓨전 요리가 아니라 집 근처 식당 백조의 호수(el Lago de los Cisnes)에서 자주 먹던 타코(Taco)였다.

가족 단위의 손님들과 친구끼리 온 손님들로 항상 떠들썩하고 즐거웠던 곳…

마드리드 살 때는 우리 아파트 건물 1층에 위치한 멕시코 레스토랑 테픽(Tepic)을 자주 갔었다. 우리를 알아본 친절하고 인상 좋은 지배인이 식사를 마치고 멕시코 스타일의 커피(Café de Olla)를 서비스해 주기도 했다.^^

멕시코시와 마드리드 식당에서 먹었던 타코 알람브레(Tacos de Alambre)를 한국에 귀국한 후 너무 먹고 싶어 만들어 보았다.

타코는 한국 음식에 비유하자면 친숙도 면에서 된장찌개 정도 될까?

타코는 납작한 토르티야에 싸 먹는데 토르티야는 옥수수나 밀로 만든 전병이다. 스페인인들의 침략 전엔 옥수수로 만든 토르티야만 존재했었다.

밀은 침략 후 유럽에서 아메리카로 들여온 농작물이라 그전에는 아메리카에는 존재하지 않았다.

멕시코 신화에서 톨테카와 아즈텍의 추앙받던 신이었던 케찰코아틀(쿠쿨칸으로도 불림)은 지하세계로 여행가 늙은 신에게 옥수수를 훔쳐 와 인간들에게 전해 주었다. 그러기에 옥수수를 먹는 행위는 절대자를 몸속에 재현하는 것이라고 한다.

1493년 콜럼버스는 신대륙에서 발견한 옥수수를 유럽으로 가지고 가 기근을 퇴치했다고 한다. 아메리카의 옥수수가 유럽인들을 기아로부터 해방시켰다.

타코의 기원을 찾자면 아즈텍의 마지막 왕 목테수마 2세가 좋아했었던 음식이라고 하고, 그 시대의 아녀자들이 남편이 일을 나갈 때 도시락으로 싸 주었다고 한다. 아즈텍 시대에는 토르티야는 평민들은 맛보기 어려운 귀족들만의 전유물이기도 했다.

스페인의 정복자 에르난 코르테스에 의해 처음으로 타코 식당이 세워졌다고 한다. 멕시코 독립 후 19세기엔 자유주의자들은 옥수수 토르티야를 먹고 보수주의자들은 밀가루 토르티야를 먹었다. 자유주의자들은 진보적이고 멕시코의 전통문화에 관심이 많았을 테고 보수주의자들은 기득권 세력이라 스페인화되었던 사람들일 것이다.

근대화의 서양 바람이 거세던 포르피리오 디아스 시절엔 상류층은 밀로 만든 빵을 먹고 서민들은 옥수수로 만든 토르티야를 먹었다고 한다. 번역자에게 선물 받아 읽은 지 십 년을 훌쩍 넘은 라우라 에스키벨(Laura Esquivel)의 책 『사랑의 법칙』에서도 이런 이야기를 본 듯하다.

그러다 자신들의 것을 되찾자는 이념을 지닌 멕시코 혁명 시대에는 타코 붐이 일어나고, 타코 가게도 많이 생기고 혁명 중의 군인들도 많이 먹었다고 한다.

음식도 유행이긴 하다. 입에 쩍쩍 달라붙는다고 떡을 그리 싫어하던 서양인들이 요즘은 한국 문화가 뜨니 떡볶이도 좋아한단다. 스페인에서 직장을 다니는 딸아이가 한 번씩 스페인, 프랑스, 브라질, 터키, 이태리 애들한테 떡볶이를 만들어 주면 너무 맛있다고 다 먹고, 또 만들어 달라 한단다. 식품회사에서 뜨거운 물만 부어 바로 먹을 수 있는 맛있는 '즉석 떡볶이'를 만들어 수출하면 대박날 것 같다.

알람브레 타코를 먹으려면 먼저 살사를 만들자. 살사는 소스다.

① 신선한 토마토, 양파, 마늘을 프라이팬에 굽자. 후추도 살짝 뿌리자.

② ①에다 치포틀레(chipotle)와 올리브유를 몇 방울 넣어 믹서기에 살짝 갈자. 치포틀레는 할라페뇨 고추를 훈제해 만든 것인데 한국에선 쿠팡 등에서 주문하면 통조림으로 간편하게 사용할 수 있다. 필자는 파로(FARO)라는 멕시코 통조림 회사 제품을 사용해 보았다. 치포틀레를 영어식으로 읽으면 치폴레인데 미국 10대가 가장 좋아하는 레스토랑 체인의 하나가 치폴레 멕시칸 그릴(Chipotle Mexican Grill)이다. 2021년 4월 현재 주가가 1,468달러를 돌파했다.

어쨌든 이걸로 살사가 완성되었다.
이 건강한 살사로 토르티야 칩을 찍어 먹어도 맛있다.

자, 그러면 이번에는 주재료를 준비해 보자!

① 빨강 피망, 노랑 피망, 초록색 피망, 양파를 길쭉하게 썰고, 쇠고기와 돼지고기도 길쭉하게 썰어도 좋고 잘게 네모난 조각도 좋다. 쇠고기는 불고기 거리도 좋고 장조림용 살코기도 좋다. 돼지고기는 베이컨을 대부분 사용하는데 필자의 경험으로는 목살도 좋다.

스페인 군사들은 신대륙 정복 때 돼지를 배에 싣고 왔다. 원래 신대륙엔 돼지고기가 없었다. 15세기 본국의 스페인에서 돼지고기는 중요한 상징적 의미를 지녔다. 북쪽 기독교도들은 돼지고기를 먹었고 남쪽 이슬람들은 코란의 계율에 따라 먹지 않았다. 그래서 기독교의 재정복 후 다른 종교를 핍박하기 위한 종교재판의 증거로 돼지고기를 먹느냐 먹지 않느냐로 이단 여부에 대한 판단을 내리기도 했다.

② 이것들을 모두 다 사이좋게 함께 프라이팬에 구우시라. 모차렐라 치즈도 넣자. 없으면 피자 치즈도 좋다.

③ 그리고 양파, 고수(Cilantro)를 따로 다져 두고 초록색 라임을 몇 조각 준비해라. 만약 라임을 구하기 힘들면 레몬도 괜찮다. 라임과 레몬 역시 스페인인들이 구대륙에서 신대륙으로 들여온 농산물이다.

고수에 대해 이야기하자면 난 20년 동안 비누 향이 느껴져 고수를 극혐했는데 며칠 전부터 고수의 치명적인, 그 매력적인 맛에 제대로 저격당했다.

고수는 스페인인들이 라틴 아메리카를 정복하며 16세기 초반에 신대륙에 전해 주었다. 하지만 도리어 스페인은 1700년 프랑스 부르봉 왕조가 집권하면서 2세기도 넘게 고수보다는 파슬리를 향신료로 즐겨 사용했다. 고수는 칼슘과 마그네슘이 풍부하고 콜레스테롤 수치를 개선해 주고 고혈압을 예방해 준다고 하니 은혜로운 풀이라 할 수 있다.

④ 마지막으로 토르티야에 물을 살짝 발라 굽는다.

디에고 리베라, 「토르티야를 만드는 사람들」, 1926

그런데 이 토르티야(Tortilla)가 다른 나라에서는 다른 음식이 된다. 스페인에서는 감자를 넣은 오믈렛을 말한다. 스페인어권에서는 나라마다 다른 단어가 많다.

아르헨티나의 부에노스아이레스에 처음 도착했을 때 쇼핑몰에 가니 표지 판에 스페인과 멕시코에서는 해변이라는 뜻의 플라야(playa)가 쓰여져 있기에 옥상에 인공해변 같은 수영장을 만늘어 놓은 줄 일있는데 아무리 찾아도 장 보러 나온 사람들의 차로 그득한 주차장뿐이었다. 나중에 알고 보니 아르헨티나를 비롯한 남미에서는 플라야가 이중 의미로 쓰이고 있었다. 해변도 되지만 주차장도 될 수 있었다.

현재의 토르티야는 칼로리의 절반을 토르티야에서 취하는 멕시코 극빈층들에겐 마지막 생명 수단이기도 하다. 멕시코 대통령 오브라도르는 2021년 토르티야 값을 인상하지 않는다고 약속했다.

⑤ 토르티야에 살사부터 바르고 야채와 고기를 얹어도 되고 야채와 고기부터 깔고 살사를 얹어도 된다.

⑥ 그리고 위에 다진 양파, 고수, 레몬을 뿌려 한 입 먹으면 이

타코가 여행의 신 헤르메스가 되어 마법이 살아 숨 쉬었던 아즈텍 시대의 멕시코로 데려간다.

맛은?
문자 그대로 둘이 먹다가 하나가 죽어도 모를 맛이다.
욕망과 걱정을 잠시 내려두고 즐겁게 타코를 먹자.^♡^

이제 먹기만 하면 되네! Yummy!

7. 발가벗겨지며

　세르히오 피톨(Sergio Pitol)의 소설 『사랑의 행진』에는 멕시코 시티의 로마 지역에 있는 고급 타운 하우스인 미네르바의 1942년, 화가 루피노 타마요(Rufino Tamayo)가 '개가 달을 보고 캉캉 짖는 그림'을 그리고 있을 때의 그 시절이 재현된다.

완벽한 여주인이자 갤러리스트인 델피나 우리베, 그녀의 조부 때만 해도 날품팔이를 하며 생계를 연명했지만 그녀의 아버지가 1910년부터 시작된 멕시코 혁명에 참가하여 장군이 되고 그녀도 팔자를 고친다.

우아하고 기품 있으며 멕시코 미술계를 쥐락펴락 하는 카리스마 강한 여성으로 탄생한다. 1920년대 이후 권좌에 오른 혁명 세력의 상속자들은 정치, 사회, 경제, 문화적 권력을 장악해 제도권에 편입되고 후손은 대를 이어 칭송받는 혁명 가족이 된다. 그들은 대중적 요구를 선택적으로 포섭하고 헤게모니를 장악한다.

이런 시절이 오기까지 멕시코는 1910년 혁명부터 시작해서 수십 년간 많은 것들이 변했다…

다친 암캐가 절뚝거리며 걷다가 살이 붙어 있는 커다란 뼈다귀 위에 앉는다.

A는 이를 유심히 지켜보고 있는 중이다. 이틀 동안 아무것도 먹지 못했던 A는 개의 신경을 분산시켜 다른 곳을 쳐다보게 함으로서 뼈다귀를 탈취하고자 했으나 실패했다.

다른 방법 하나가 있긴 해. 부드럽게 얼러서 뼈다귀를 포기하도록 만드는 것이었다. 하지만 어림 반 푼어치도 없었다. 수천 년 동안 인간에 의지해 살아왔던 개는 평상시에는 DNA 안에 인간에게 양보하고 복종하는 일이 프로그래밍화되어 각인돼 있지만 굶어 죽기 직전의 개는 달랐다.

아사 직전에 내몰린 개는 으르렁거리며 A를 증오에 찬 눈으로 노려보았다.

이제 A가 택할 수 있는 일은 하나밖에 없었다. 막대기로 불행한 개를 때리고 철망으로 입을 씌웠다. 개는 두드려 맞으면서도 필사적으로 뼈다귀를 놓치지 않으려고 발버둥 쳤지만 마침내 A는 개로부터 뼈다귀를 빼앗아서 붙어있는 생고기를 게걸스럽게 뜯어 먹었다.

처음에는 조금은 개에게 남겨줄 요량이었지만 허기가 그로 하여금 멈출 수 없게 만들었다. 결국 살이란 살은 다 발라 먹은 후 앙상한 뼈다귀 하나를 개에게 던지고 부엌을 나왔다.

위의 경험은 전시에 어느 부랑자의 이야기일까?

아니다. A는 신부다. 1930년대 멕시코를 배경으로 한 그레이

엄 그린(Graham Greene)의 소설 『권력과 영광』에 나오는 위스키 사제다. 『권력과 영광』은 영국 저자 그레이엄 그린이 정부가 가톨릭을 박해하던 시절 멕시코 여행을 하고 나서 쓴 글이다.

경술국치가 한반도 땅에서 일어난 1910년부터 시작된 멕시코 혁명은 대통령 포르피리오 디아스의 기존 질서를 강화하는 정책에 반발해서 일어났다. 디아스는 엄청난 토지를 지니고 권력을 누리던 가톨릭 고위 성직자들의 편이기도 했다. 그는 로마 교황청과의 관계가 우호적이었고 교황청은 디아스를 위대한 지도자로 칭송했다. 야합이겠지…

디아스 체제에서 고위 성직자를 비롯한 집권 세력들은 멕시코인들의 삶을 지탱해 줄 정신적 원천을 옛 스페인의 지배기에서 구했고 아즈텍 제국을 무너뜨린 침략자 에르난 코르테스를 멕시코라는 국가의 창시자로 간주했다. 그 당시 멕시코 땅의 4분의 3을 가톨릭 교회가 소유했었다는 주장도 있다.

미국에선 '미국 독립미술가협회(Society of Independent Artists)' 정기전에 심사 위원이던 마르셀 뒤샹(Marcel Duchamp)이 '누구든 무슨 작품이든 낼 수 있다'는 규칙이 존재했기에 '뮤트(R. Mutt)'라는 가명을 사용해 「샘(Fountain)」이라는 제목을 달고 변기를 출품했던 1917년, 러시아에선 마르크스주의에 기반한 세계 최초의 사회주의 국가인 소련을 탄생시킨 해인 1917년, 미국의 옆 동네인 멕시코에서는 포르피리오 디아스 대통령을 축출한 혁명 세력이 헌법을 만들고 그 법은 그 시절의 모든 것을 바꿔 버렸다. '헌법 제27조'에는 대지주 소유의 토지를 몰수해 농민들에게 나눠 주어야 한다고 되어 있다.

젊은 세대와 개혁가들은 헌법의 적극적 실행을 요구하고 라티푼디움(대농장제)과 페온제(소작농제)에 대항하였다.

1917년 헌법은 대지주와 결탁한 교회의 권한을 빼앗으려고도 했다. 교회 소유의 땅을 농민들에게 분배하고 교회가 운영하는 학교를 공교육으로 전환시킨다.

산모의 산전 산후 휴가, 출산 수당, 50인 이상 여성 근로자를 둔 회사는 탁아소를 운영하도록 했다. 1917년 헌법은 여성의 이혼 시 위자료 권리도 포함시켰다.

100년이 지난 지금, 일류국가이자 내 사랑하는 대한민국에서 100인 이상의 여성근로자를 둔 회사에서조차 어린이집이 없는 곳이 태반이라는 사실을 어떤 시선으로 바라보아야 하나? 이런 관행들이 쌓여버려 출산율이 전 세계 꼴찌라는 수치스러운 현실에 맞닥뜨리게 된 듯하다. 그리고 여성근로자들이 근로기준

법에 분명히 명시된 생리휴가를 당당하게 사용하지 못하는 이 암담한 현실을 어디서부터 어떻게 논해야 할까?

1924년 오브레곤(Obregón)이 지목한 계승자 카예스(Calles)가 대통령에 취임했다. 카예스는 1926년 '헌법 130조'의 시행령을 공포하는 일명 '카예스법'을 만들어 사제들은 그 직을 정부 당국에 등록신고하도록 했다.

카예스 시대에 토지 재분배는 급속히 진행되었고 가톨릭이 운영하는 학교는 폐쇄되었다. 가톨릭 교회를 탄압한 이유는 어마어마한 교회 재산을 가지고 권력을 누리던 고위직 사제들의 힘을 빼기 위해서였다.

교회와 대지주는 한 편이었고 그들은 반동적이고 수구적, 보수적이었다. 교육도 문제였다. 가톨릭 교회에서 대부분의 학교들을 운영함에 따라 교회는 멕시코인들의 영혼을 지배하고 있었다.

이렇게 1926년 가톨릭 탄압을 공개적으로 명시한 카예스법이 만들어지자 '그리스도 왕 만세'라는 구호를 내세운 무장 저항 운동인 크리스테로 전쟁(1926-1929)이 발발했다. 정부가 이렇듯 강경한 태도를 취하자 교회의 상층부는 일신의 안위를 걱정하여 후퇴하는 반면 순수한 신앙심을 가진 신도들과 일부의 마을 사제들은 무장 반역을 일으켰다. 크리스테로는 '예수 그리스도를 믿는 자'를 의미하는데 크리스테로 전쟁(Guerra Cristera)은 종교 내전으로 볼 수 있다.

5만 명이 참전해 3만 명 이상이 희생당했다고 전해진다.

농촌의 가톨릭 신자들은 대규모로 이 종교전쟁에 참여했다. 이 전쟁에 참가한 크리스테로들은 1928년에 엔리케 고로스티에타(Enrique Gorostieta)가 대장 역할을 하긴 했지만 대부분의 기간은 컨트롤 타워 역할을 하는 지도자 없이 자발적으로 펼쳐졌으며 비조직적으로 전투를 치렀다. 정부군에 대항하여 주로 게릴라 전법을 사용했는데 참가자는 소규모 자산가, 노동자와 농민이었다. 인디오 원주민이 다수였고 30~40대가 가장 많았다.

크리스테로 전쟁이자 운동은 국가의 가톨릭 탄압에 반기를 든 가톨릭 수호 운동이다. 그들은 반혁명 세력이었다. 그런데 아이러니하게도 주체가 농민들이다.

혁명정부는 농민, 노동자를 주체로 내세우고 '토지 배분' 등의 각종 혜택을 내세웠지만 일부 농민과 노동자들은 가톨릭을 지키기 위해 정부에 저항했다. 가톨릭 교회가 자기들의 몫의 토지를 챙겨주지 않은 상황에서 정부가 농민들을 구제해 주려고 했는데 어찌 이런 일들이 일어났을까? 자기들에게 토지를 분배해 주려는 농지개혁법을 반대하다니?

그들은 종교적으로 순수한 신앙심을 가진 맹신자들로 비춰진다. 그들의 몸은 20세기 초의 격변기에 살고 있었지만 그들의 정신은 4~5세기의 성 아우구스티누스의 시대에 살며, 1524년 멕시코에 포교를 위해 온 12명의 프란체스코 수사들의 종교적 화법에 파묻혀 살았던 것 같다.

스페인이 중남미 대륙을 발견하고부터 촘촘하게 심어놓은 가톨릭 신앙이 농민들에게 세월과 함께 동맥과 정맥을 타고 흐르는 피처럼 되어 가톨릭과의 거리 두기는 그들에겐 사형 선고와 다름없이 느껴졌나 보다. 크리스테로들은 가톨릭을 박해하는 카예스 정부를 악마로 믿고 어떤 대가를 치르고서라도 성전을 치른 것이다.

호전적 크리스테로들은 무기를 들고 산간벽지를 무대로 게릴라 활동을 하였는데, 정부에서 가톨릭 교육기관을 문 닫는 대신 공교육을 위해 외딴 지역에 파견한 젊은 교사들을 살해하기도 했다.

스스로의 목숨까지 초개처럼 버리며 투쟁을 한 농민 크리스테로들은 완전히 종교적으로 가스라이팅이 된 듯하다. 스페인인들이 중남미를 식민지로 삼으며 가톨릭으로 종교적 정복을 이루고자 힘써 왔던 것이 완벽하고 견고하게 이루어진 셈이다.

사제들의 은근한 꼬드김이 있지 않았을까? 그렇지는 않았다. 놀랍게도 크리스테로 운동은 상층부 사제들의 지원을 전혀 받지 못한 농민들의 자발적 운동으로 평가받고 있다.

크리스테로 운동에 교회 상층부와 부자들은 참가하지 않았다.

로마 교황청조차도 순교하듯 죽어가는 농민들의 크리스테로 운동을 반대했다.

가톨릭 교회 상층부는 특권 유지가 중요했고 로마 교황청은 크리스테로 운동에 참가한 농민들처럼 나이브한 신앙심을 가지는 대신 끊임없이 정치를 해야 했다.

멕시코에서 가톨릭 교회는 오랫동안 부와 권력을 배가 터지도록 누렸다. 1842년엔 국회의원의 66%가 사제였다.

그게 나라냐? 공화국이란 이름 달기가 부끄러운 신정 통치 국가 수준이었지.

1861년 고위 사제들은 멕시코 대통령 대신 프랑스인 황제 막시밀리아노가 국가를 통치하길 원해서 뒤를 밀기까지 했다. 만들어진 명분이야 있겠지만 어쩜 이리 자기들 잇속 차리기만 급급해서 나라를 통째로 외국인들에게 갖다 바치고 싶어 하는지?

1929년에는 대통령 당선자인 오브레곤이 종교 박해의 책임이 그에게 있다고 생각한 광신적 가톨릭 신자의 총에 맞아 죽었다. 그 사건을 계기로 교회와 정부가 크리스테로 종전에 합의하자, 불타는 신앙심만으로 참여했던 농민 크리스테로들은 아무것도 얻어낸 것 없는 유일한 패배자가 되었다.

『사랑의 행진』에서도 혁명으로 인해 가문의 영광과 부를 빼앗겨 버리고 난 후 외국인들과 연대하여 '크리스테로' 운동을 지원하는 아르눌포라는 인물이 등장한다.

원주민 마을에 토지를 분배해 주는 것을 대지주와 교회는 강하게 저항했었다. 지주들은 소송을 제기했다. 수십만 평을 지닌 사람들이 가난한 자들을 위해 한 평도 못 내놓겠단다.

빈농들에게 분배한 땅들도 문제였다. 엄청난 선물처럼 보이지만 현실적으로 그들이 받은 땅들은 황무지가 대부분이었다. 혁명 정부가 농민들에게 분할한 땅이 실제로 어땠는지는 멕시코 소설가 후안 룰포의 단편소설『그들은 우리에게 땅을 주었다(Nos han dado la tierra)』에 나타나 있다. 실상 그 땅들은 쟁기조차 안 들어가는 척박하기만 한 말라비틀어진 황무지들을 부자들과 교회로부터 황송하게도 선물 받은 것이다.

이런 쓸모없는 땅들을 분배하는 것조차 교회는 완강하게 반대하였다. 가난한 농민들은 굶주렸을 때도 교회에 죽어라고 십일조를 갖다 바쳤건만…

성직자들의 반대가 토지개혁의 속도를 매우 느리게 했다. 상상해 보건대 아마 그 당시의 신부들은 '부자가 천국에 들어가기는 낙타가 바늘구멍으로 들어가기보다 어렵다'고 성경을 인용해서 혹세무민을 일삼았겠지.

멕시코와 비교해 보면 이승만 정부의 토지개혁이 성공해서 대한민국 발전의 초석을 마련한 것이 경이로울 따름이다. 대한민국은 유상몰수, 유상분배로 토지개혁을 성공시켰고, 북한은 무상몰수, 무상분배로 나라를 파탄시켰다.

한편 혁명세력 중에는 공산주의자들도 있어서 '레드 셔츠'라는 극좌 단체가 1931년에서 1934년 사이에 활동하였는데 '크리스테로'들과 신부, 수녀들에게 서슴없이 린치를 가하였다. 광장 한가운데서 교회로부터 탈취해 온 성상과 성물을 부수는 등 매우 폭력적이었다. 사제를 납치하고 살해하고 수녀를 추행했다. 묘지에 십자가조차 못 박게 했다.

'레드 셔츠'는 15살에서 30살 사이의 젊은이들로 이루어졌고 이 조직의 지배자는 타바스코(Tabasco) 주지사인 카나발(Tomás Garrido Canabal)이었다. 카나발은 자기 농장의 가축들 이름을 신, 사제, 성모, 예수로 불렀다. 스탈린주의자이기도 한 그는 자신의 아들의 이름을 레닌이라 지어 주기도 했다.

타바스코주의 모든 교회를 폐쇄하고 85개의 교회를 학교로 변경시켰다. 이렇듯 폭력적인 주지사 카나발이 여성 권리의 대대적인 옹호자라서 타바스코 주에서는 여성 참정권이 1934년에 획득되었다고 하니 참 놀랍고, 인간이란 다중적인 면을 갖추고 있는 것 같다. 프랑스가 여성에게 참정권을 준 것이 이곳보다 10년이나 늦은 1944년이다.

그뿐 아니라 가톨릭 사제들의 결혼을 의무로 삼는 악법까지 만들었다. 『권력과 영광』에서 호세 신부는 사제 시절 그의 밥을 해주던 여자와 결혼하고 날마다 동네 아이들의 조롱거리가 된다.

타바스코주는 사제들에게 사제직을 포기하고 결혼해서 사람들의 조롱과 모욕을 견디든지, 죽든지 2개의 선택지만을 주었다. 그래서 많은 신부들은 주 밖으로 도망쳤다.

'크리스테로'들은 "¡Viva Cristo Rey!(그리스도 왕 만세)"를 외쳤고, '레드 셔츠'는 "¡Viva México!(멕시코 만세!)"를 외쳤다. '크리스테로'와 '레드 셔츠'는 둘 다 무척 극단적이었다. 심각한 폭력을 저질렀다.

레드 셔츠는 넷플릭스에서 인기를 모은 한국 드라마 〈지옥〉에서의 화살촉이 연상되는 폭력 집단이다. 제1공화국 시절 자유당의 비호를 받던 정치 깡패들도 그 시대의 화살촉이라 볼 수 있지 않을까?

드라마 〈지옥〉에서의 새진리회는 현상을 부기 해석하고, 그것으로 사람들을 지배하고 조작하고 통제하는 두뇌집단으로 볼 수 있고, 화살촉은 그 새 진리회의 하부 단체이자 행동대이다.

새진리회는 누가누가 천사의 고지를 받았다는 폭로를 하고 신상을 털어 자백을 강요함으로써 수치심에 떨게 만들고 복종하게 만든다. 컴퓨터에서 건전하지 못한 영상을 봤다거나, 불륜 상대가 있다거나 하는 프라이버시에 속한 영역까지 죄로 취급된다.

철학자 한병철은 그의 『투명사회』 중의 '폭로사회'에서 모든 베일을 찢어버리고, 모든 것을 백일하에 드러내며, 모든 어둠을 추방하려는 영웅적인 투명성의 기획은 폭력으로 귀결된다고 한다.

언제 누가 천사의 고지를 받게 될지 모르니 아무것도 숨길 수 없고, 아무리 작은 잘못이라도 들킬지 모르니 사람들은 불안감에 사로잡혀 자기검열을 강박적으로 하게 되고, 새진리회의 사제들의 말을 섬길 수밖에 없게 된다.

폭로사회가 되었고 새진리회는 초법적 존재가 되었다.

어떤 초자연적 현상이랄까 아니면 우연의 일치를 보고 해석을 내리고 그것을 세상 사람들에게 믿게 함으로서 고대시대의 제사장들은 권능을 얻었다. 그리고 사람들에게 발현된 현상에 대해 공포를 느끼게 함으로써 사람들을 통제하고 조작했다.

벨리니(Bellini)의 오페라 「노르마(Norma)」 1막 1장에서 드루이드인들의 제사장 노르마는 로마 총독 폴리오네와 은밀하고 금지된 사랑에 빠져 사생아 둘까지 두었기에 전쟁을 원하는 드루이드인들에게 "아직 로마에 대항해 싸울 때가 오지 않았다"라고 만류하며 평화를 기원하는 노래 'Casta Diva'(정결한 여신)의 아리아를 부른다. 세기의 소프라노 마리아 칼라스는 특별히 이 아리아를 사랑했다.

이렇게 로마와의 싸움을 한사코 말리던 제사장 노르마는 2막 3장에서 돌변한다. 로마 총독 폴리오네가 자신을 버렸다는 사실을 알게 되자 분노에 찬 노르마는 개인적인 복수를 위해 이르민

술의 방패를 3번 두드리며 "신이 전쟁을 허락했다"며 백성들을 거짓으로 현혹시켜 군대를 소집하고 로마로의 출정 명령을 내린다. 어떤 신하는 "어제까지 신은 평화를 이야기하셨는데 오늘은 왜 침략을 말하십니까?"라고 묻는다.

하지만 모든 백성들은 곧 제사장 노르마의 명령을 따르며 '싸우고 죽이며 없애자!'라는 내용을 담은 '전쟁의 합창'을 부르며 전쟁 준비를 하게 된다. 평화의 시대로 접어드느냐, 참혹한 전쟁터가 되느냐 하는 생존을 가르는 절체절명의 명제가 사실인지 거짓인지조차 확인할 길 없이, 신의 권력을 등에 업은 제사장의 마음과 기분에 달려 있다니…

종교뿐 아니라 '주의'니 하는 것들도 마찬가지다. 공산주의, 자본주의도 사회적 현상을 비판적으로 바라보고 이론적 체계와 당위성을 세워 민중을 지배한다. 특정한 시대의 왕권 신수설 또한 자의적으로 해석해서 왕에게 큰 권한을 부여하고 국민들의 힘을 송두리째 빼앗았다.

그레이엄 그린의 소설 『권력과 영광』에서는 멕시코 혁명이 일어나고, 1917년 헌법이 제정되고, 가장 악랄하게 가톨릭을 탄압하는 주의 교구 소속인 위스키 신부의 생활은 급격한 변화와 곤경에 처하게 되었다. 주교가 도망가 버리자 위스키 신부는 느순해져 술에 빠져들고, 뒤이은 도피 생활과 언제 잡혀 죽을지 모른다는 공포로 인해 알코올 중독이 된다.

그는 멕시코 혁명 전에는 마을 사람들이 기꺼이 그의 앞에서 무릎을 꿇으며 그의 손에 입을 맞추는 존엄한 존재였었다. 직업 덕분에 쉽고 편하게 사람들의 존경을 얻었다.

이제 그는 감옥에서 똥을 치우기도 하고 두 어깨에 분뇨통을 메어 나르고 뼈다귀 하나를 두고 개와 치열하게 경쟁해야 하는 비천한 신세로 전락했다. 먹을 게 없어지자 3살 난 아이의 시체 위에 저승에서의 끼니로 얹혀져 있는 설탕 덩어리까지 갉아먹게 된다.

눈 부릅뜨고 위스키 신부를 쫓는 경위는 신부로서 그의 삶을 '편안하게 살며 가난한 사람들의 헌금이나 야금야금 빼앗아 먹는 도둑의 생활'로 간주했다. 경위는 타바스코 주지사 카나발을 상징한다고 볼 수 있다.

위스키 신부는 이제 살기 위해 자신의 신분을 급하게 위조해야 한다. 로만 칼러의 위엄 있는 신부복과 다 헤진 농부의 누더기 옷을 바꿔 입는다.

그는 회색지대에 있다. 사제에게 결혼령을 내린 정부의 정책을 따르지는 않았지만 순교를 택하지도 못했다.

다른 사제들은 다 도망가 버렸지만 그는 신자들에 대한 어슴푸레한 사명감을 지니고 있어서 신자들의 부탁을 완강히 뿌리치지 못하고 세례를 주며 오랜 시간 동안 신자들의 곁에 머물렀다.

너무 고통스러워 삶을 끝내고 싶었지만 그를 향한 추격이 턱 밑에 느껴질 때, 감옥에서 죽기 전 날 살고 싶다는 욕망이 되살아났다.

그는 신부로서의 순결 서약도 지키지도 못했다. 어느 날, 사랑조차 없는 잠자리의 대가로 '브리기타'라는 사생아까지 생겼다. 마을 교구의 사제 시절 그는 마음속으로 오만했고 진정한 사랑을 몰랐다. 하지만 사제에게는 대죄인 간음을 저질러 딸 '브리기타'를 얻고 사랑이 무엇인지 알게 되었다. 본인의 실수를 살인보다 더 큰 죄라 여기고 딸에 대한 죄책감에 젖어 살면서도 자식에 대한 사랑은 시멘트 바닥에서 솟아나는 잡초들의 새싹들처럼 자라났다.

혁명 전에는 당연지사로 받았던 헌금이, 이제 1페소냐 75센트냐가 너무나 중요하게 되었고 그의 목숨줄이 되어 가난에 찌든 농민들과 흥정해야 했다.

그렇다고 지금의 그가 과거의 오만함에서 완전히 벗어난 것은 아니다. 도피생활의 와중에도 사람들이 그를 '신부님'하며 존경

어린 목소리로 부르고 영세를 부탁하고, 너무나 가난한 살림에도 불구하고 그에게 뭐라도 대접하려 애를 쓰는 모습을 보고 있노라면 그의 우월의식과 거만함은 슬며시 고개를 치켜들었다.

이렇듯 인간 본성의 나약함과 수치스러움을 그는 적나라하게 보여준다. 그를 철벽처럼 보호해 주던 성당이 부서지고 사제복이 밀물에 휩쓸려 벗겨지고 그는 '벌거벗은 임금님'이 되어 버렸다.

사제들에 대한 복수심에 차 있는 경위가 그를 잡으려고 점점 고삐를 죄어오자 마을 사람들의 동정심조차 기대할 수 없는 시점까지 내몰리게 된다. 경위가 그를 숨겨주었던 마을 사람들을 총살시켜 버려 주민들이 이제 그를 슬슬 피하기까지 하고, 그가 마을에 오래 머물까봐 두려워하게 된다.

그는 사형 선고를 예상했을 때 괴로운 죄를 씻기 위해 그의 고백성사를 들어주는 동료 신부를 간절히 구했으나 혹독한 가톨릭 탄압으로 다 도망가 버린 신부들을 찾기란 불가능했다.

그는 폭력 속에서 갈 수 있는 곳이 없어졌다. 막다른 골목에 다다랐다.

철학자 한병철은 『폭력의 위상학』에서 '폭력은 희생자에게 어떤 행동의 여지도 주지 않는다. 행동 공간의 크기는 0으로 떨어진다. 폭력은 공간에 파괴적으로 작용한다'고 한다.

인간의 사회적 지위나 인정은 얼마나 허망하고, 하찮기 그지없을까? 겉껍데기 하나를 벗으니 사람들의 따가운 시선만 비춰진다.

하지만 위스키 신부는 극단적 어려움과 고통 속에서 **겸손함과 진정한 사랑**을 배워 나가게 된다. 그를 신고해 포상금을 노리는 자의 간교함을 알아차렸지만, 살인자에게 생의 마지막 고해성사를 주기 위해, 처절하게 벗어났던 죽음의 장소로 의도적으로 다시 기어 들어가게 된다. 종국에는 '순교'라는 모양새를 갖추게 된다.

인간은 폭력적 환경 속에서 너무나 미약한 존재지만 결국 삶을 가르는 것은 인간의 선택이라고 한다.

가톨릭 탄압이라는 엄혹함 속에서 신부는 다른 주로 도망을 가든지, 순교하든지, 결혼을 하든지 선택했어야 했다.

위스키 사제와 같은 그 상황에 처해졌다면 가장 쉬운 선택은 하루빨리 주의 경계를 넘어 도망치는 것일 것이다. 아마 대부분의 사람이 그런 선택을 할 것 같다. 매일의 삶이 위험과 폭력에 노출되어 있다면 내 몸 하나 피하고 볼 일이다.

하지만 위스키 사제는 우여곡절은 많았지만 자기 자리에 있게 되었다. 흔들바위처럼 수없이 흔들렸지만 그 자리에 남았다.

경위가 죽음을 앞둔 사제에게 "왜 도망가지 않았느냐"고 묻는다. 사제는 "버티고 미루다가 그렇게 되었다"고 한다. 왜 미루게 되었을까?

어떤 부모들은 자식들이 태어났을 때 첫 영성체를 부탁했을 것이고, 죄책감을 덜기 위해 고해 성사를 꼭 받아달라고 사정하는 사람도 있었을 것이고, 부모들이 임종할 때 종부성사를 해 달라고 간절히 매달리는 자식들도 있었을 것이다. 그러니 떠나지 못했다.

위스키 신부는 인간적인 약점은 있었으나 자기 교구의 사람들을 사랑하지 않았다고, 동정심이 없었다곤 말하지 못할 것 같다. 도망간 사제들은 교구의 신자들을 버렸으나 그는 끝끝내 버리지 못했다.

그리고 적어도 고위직 사제들처럼 종교를 이용해서 정치를 하고 일신의 영달을 판단의 기준점으로 삼는 그런 치사하고 야비한 짓은 저지르지 않았다.

물론 그는 신념에 차 굳세고 당차게 신부로서 그가 속한 주(州)의 정책에 대해 공식적으로 비난하지도 못했고, 대항하지도 못했다.

비굴했고, 두려워서 벌벌 떨기도 했고, 얼렁뚱땅하기도 했다.

그도 이토록 가톨릭을 탄압하는 정권이 출현하지 않았다면, 평온한 세월을 보내고 정절을 지키며 많은 이들의 탄생과 결혼식, 장례식에 함께 하며 죽을 때까지 존경을 받으며 편안하게 살았을 것이다.

그는 시대를 잘못 만나 쫓겨 다니며 온갖 초라함과 자괴감을 다 맛보았다. 하지만 그 덕분에 자식에 대한 애끓는 사랑이 무엇인지도 알게 되었고, 가난한 농민들의 전유물인 줄로만 알았던 극단적인 가난도 겪게 되었고, 진정으로 마을 주민들의 삶을 이해하는 접점도 생겨났다.

결국 그는 표면적일 수도 있지만 결과론적으로 순교를 함으로써 죽는 순간에 그 자신이 때로는 원하기도 했던 성인의 길을 우연히 걷게 되었다.

인간에겐 절대로 완벽함을 요구할 수는 없고 삶에서 온갖 부조리함과 불합리한 단계를 다 밟아가며 죽음으로써 완성될 것 같다. 결국 모순과 부조리와 폭력으로 가득 찬 멕시코 혁명기의 고통스러운 시간들이 그를 완성된 인간으로 만들었다고 말할 수도 있다.

어쨌든 그는 신부로서, 극단적인 위험을 무릅쓰고 남은 대가로 총살형을 당했고 싫든 좋든 그는 성인이 되었다.

교황 요한 바오로 2세는 2000년 5월 21일, 『권력과 영광』의 배경이 되는 멕시코 카예스 대통령의 반성직자 법률에도 불구하고, 남겨진 양들을 떠나지 않고 성사를 거행하고 성무를 수행하다 희생된 22명의 사제들을 순교 성자로 추앙하며, 시성식을 거행했다.

여기서 주목되는 것은 무기를 든 사제들은 제외시켰다는 것이다.

선한 폭력도 있을까? 폭력을 응징하는 정의로운 폭력이 가능할까?

위스키 신부가 아침에 총살당한 후 한 소년의 방에 어떤 사제가 강을 따라 지금 막 도착했다며 들어온다. 그 사제는 다른 주에서 신도들의 신앙을 위해 순교를 각오하고, 그 주로 잠입해 온 신부로 해석될 수도 있다.

하지만 나는 그 사제를 위스키 신부의 부활로 보고 싶다…

몇 년 전에 씨 놓은 이 글을 고치는 동안 1990년 영미문학 강독 시간에 이 작품 『권력과 영광』을 열정적으로 강의하셨던 故 전대웅 교수님이 생각났다. 이광운 교수님, 한상옥 교수님… 대학 시절의 그분들이 떠오른다. 세상사에 쓸데없이 기웃거리지 않고 오롯이 학문에만 정진하신 분들…

부록

1. 멕시코 한류 팬클럽 대상 한국 국가 이미지 여론조사 결과 분석

2. 중남미 최초의 한류 팬클럽 회장이 보는 한류의 매력

3. 멕시코 찰코 '소녀들의 집' 원장 수녀님의 연말카드

4. 최초의 청와대 여성 춘추관장 저서에 기술된 내용

5. 대통령 순방행사 지원요원으로 활동한 NYU 학생의 편지

1. 멕시코 한류 팬클럽 대상 한국 국가 이미지 여론조사 결과 분석

주멕시코 한국문화원의 도움을 받아 멕시코 한류 팬클럽 회원 85명을 대상으로 2019년 11월 1일부터 11월 30일까지 이메일 설문조사를 시행했다. 결과에 따르면 K-팝을 알기 전까지는 한국이라는 국가의 존재를 알지 못했다고 응답한 비율이 40%(34명)로 나타났다.

〈표 1〉 K-팝을 알기 이전에 한국이라는 국가의 존재를 알았는가?

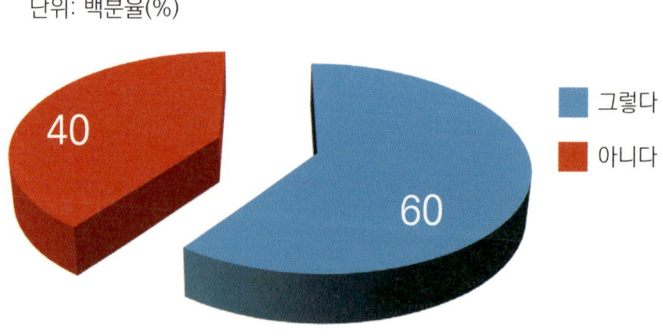

출처: 자체 설문조사

특히 K-팝이 멕시코 내 한국 이미지를 개선하는 데 도움이 된다고 생각하는 비율은 71.7%(61명)로 나타났다.

<표 2> K-팝이 한국 이미지 개선에 도움을 주는가?

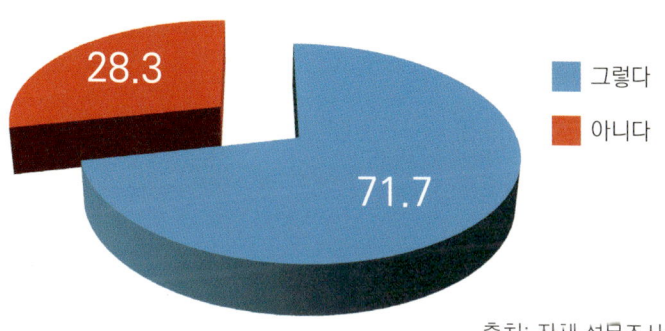

출치: 자체 설문조사

또한 K-드라마가 멕시코 내 한국의 이미지를 개선하는 데 도움이 된다고 생각하는 비율은 80%(68명)로 나타났다.

<표 3> K-드라마가 한국 이미지 개선에 도움을 주는가?

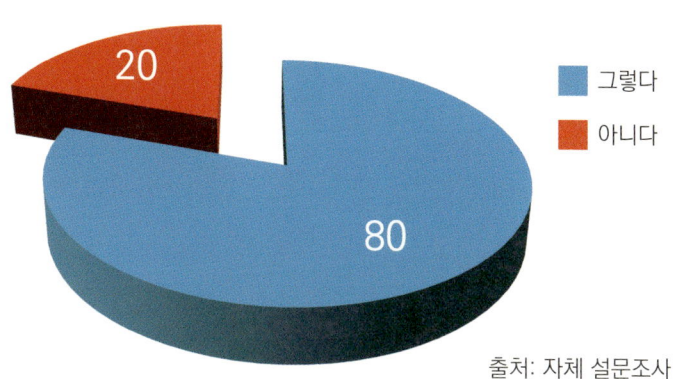

출처: 자체 설문조사

한국 문화콘텐츠를 접하는 방법에 대해서는 △K-드라마의 경우는 SNS(81명) △K-씨네의 경우는 일반 영화관(77명) △만화의 경우는 SNS(69명) △K-팝의 경우는 라디오(79명) △예능 프로그램의 경우는 SNS(68명)로 나타났다. 대다수 이베로아메리카 국가에서 SNS를 통해 한국 문화콘텐츠를 접하는 것에 비해, 멕시코에서는 K-씨네는 일반 영화관, K-팝은 라디오를 통해 접한다는 것이 이채롭다.

한국 문화콘텐츠에 대한 인기도에 대해서는 △K-팝(58명) △K-뷰티(44명) △한식(37명) △K-드라마(29명)에 대해 많은 사람들이 '아주 인기가 높다'(Muy Popular)라고 응답했다. K-팝 중 좋아하는 장르는 Dance(29명), Hip Hop(17명), RyB(15명), Balada(11명)로 다양하게 나타났으며, K-드라마 중 좋아하는 장르는 Comedia Romántica(63명), Criminal(7명)가 가장 많았고, K-씨네 중 좋아하는 장르는 Comedia Romántica(39명), Horror(15명), Familia(9명) 순으로 응답했다.

한편, 한국 문화콘텐츠를 소비하는 데 있어서 불편한 점으로는 '한국 문화콘텐츠를 실제로 구입할 수 있는 장소가 부족하다'(26명)가 가장 많았으며, '스페인어 또는 영어로 설명된 정보가 부족하다'(23명), '스페인어로 된 자막 또는 더빙이 부정확하다'(14명)가 뒤를 이었다.

멕시코에서는 한류 팬클럽 회원들의 70-80%가 K-팝과 K-드라마가 한국의 이미지를 개선하는 데 도움을 준다고 생각하는 만큼, 이 두 가지 킬러 콘텐츠를 잘 활용해서 한국의 국가 이미지를 높이는 다양한 방안이 강구되어야 한다.

2. 중남미 최초의 한류 팬클럽 회장이 보는 한류의 매력

한국 드라마를 처음 보게 된 계기는?

■ 우연히 TV 채널을 돌리다가, 〈이브의 모든 것〉 시작 전에 짧게 보여주는 '지나간 이야기(요약편)'를 보았다. 거기서 주인공 장동건의 잘생긴 외모와 드라마 속에 등장하는 이국적 풍경에 반해서 계속 드라마를 시청하게 되었다.

한국 드라마의 매력은 무엇이라고 생각하는지?

■ 단연 스토리의 전개 방식이다. 보통 질질 끄는 멕시코 드라마와는 달리, 한국 드라마는 스토리 전개가 빠르고, 허황되지 않고 충분히 일어날 수 있는 개연성, 다음 편에 대한 호기심 유발, 접해 보지 못한 아름다운 한국의 풍경 등이 매력적이라고 생각한다. 길게 늘어지는 멕시코 드라마는 몇 번 놓쳐도 그전의 이야기가 아직도 진행되고 있는 반면, 한국 드라마는 보통 20여 편 이내에서 막을 내리기 때문에 시청자들로 하여금 한 편도 놓칠 수 없게 만드는 힘이 작용하는 것 같다.

팬클럽 결성 과정과 규모, 현재 활동 상황은?

■ 첫눈에 반한 배우 장동건에 대해서 처음엔 인터넷을 통해 자료를 찾았는데, 스페인어로는 많은 자료를 얻을 수 없었다. 그래서 인터넷 영문 사이트에서 〈이브의 모든 것〉 영문 제목인 'All about Eve'라는 검색어를 통해 보다 많은 자료와 사진을 찾을 수가 있었다. 컴퓨터 공학이라는 나의 전공을 살려서 내가 검색한 관련 자료를 나의 인터넷 사이트에 모아서 올려놓았다. 이후에 〈이브의 모든 것〉을 보고 감동한 많은 시청자들이 나의 홈페이지를 방문해서 "멕시코 장동건 팬클럽의 홈페이지냐?"는 질문을 많이 했다. 이러한 과정 중에 한국 대사관에 한국 드라마 OST를 구할 방법을 문의했고, 한국대사관 측에서 개별적으로 하지 말고, 여러 명이 단체 결성해서 요청하면 서울에 이야기하기가 쉽다고 했다. 그래서 이들과 함께 지난 2003년 5월 팬클럽 창단식을 가졌다.

■ 현재 500여 명의 회원을 가진 장동건 팬클럽 '다 줄 거야(I will give you all Jang Dong Gun México)'로 발전하였고, 2개월에 한 번씩 정기모임을 가지고 있다. 지난 3월 8일 장동건 생일엔 회원들이 모여 생일 파티를 열어, 각자 준비해 온 한국 음식을 나눠 먹고, 한국 뮤직비디오와 장동건의 출연작 〈해안선〉을

보면서 멀리서나마 장동건의 생일을 축하했다. 지난 7월 16일 대사관 강당에서 있었던 한국 가요 경연대회 예선전에 진출한 15명 중에서 4명이 우리 팬클럽 소속 회원이었다. 장동건을 통해 한국 문화, 한국어, 한국 음식 전반에 대해 관심을 가지게 되었다.

한국과의 개인적인 인연은 있는지?

■ 작년에 한국관광공사의 초청으로 8일간 한국을 방문했다. 그 당시 KBS, 경복궁, 동대문 쇼핑몰, 명동, COEX 등을 들렀는데, 드라마에서만 봤던 서울을 직접 본다는 것이 정말 믿기지 않았다. 내 인생에 있어서 잊을 수 없는 소중한 경험이었다. 한국 방문 당시에 장동건이 〈태극기 휘날리며〉를 촬영 중이라고 해서, 촬영장에도 방문했는데, 때마침 장동건이 촬영을 위해 중국에 머물고 있던 때라 직접 만나지 못해서 아쉬웠다. 하지만, 지난 7월 8일 멕시코시티에서 〈태극기 휘날리며〉가 개봉하던 날, 대사관의 도움으로 팬클럽 회원 전원이 시사회에 초청을 받았을 때는 정말 감회가 새로웠다. 영화가 끝나고 극장을 나갈 때 모두들 울어서 눈은 빨개졌지만, 장동건의 훌륭한 연기에 감탄하면서 이구동성으로 정말 좋은 영화였다고 칭찬했었다.

- 한국 음식 중에서 갈비, 불고기, 비빔밥, 김밥, 만둣국, 떡을 좋아하고, 매운 멕시코 음식에 적응되어 있어서 김치는 처음 먹을 때부터 맛있었다. 김치는 중독성이 있어서 이제는 한국 음식을 먹을 때 김치 없이는 못 먹을 정도다. 현재 멕시코 국립 자치대학교(UNAM) 부설 어학원의 한국어 과정에서 한국어 2단계를 수강 중에 있고, 일주일에 6시간씩 한국어 공부를 한다. 한국어를 배우고 나서는, IT 분야에서 선두를 달리고 있는 한국에서 컴퓨터 공학 석사과정을 하고 싶다.

한국 드라마가 멕시코에 추가로 방영된다는 뉴스가 있던데?

- 크게 환영한다. 개인적으로 장동건이 출연한 드라마 중에서는 〈의가형제〉가 특히 보고 싶다. 다른 배우들이 나온 드라마도 많이 방영되면 좋겠다. 한국 드라마가 멕시코 전역에 방영되어서 더 많은 사람들이 한국을 알고, 한국 문화를 사랑할 수 있게 되기를 희망한다.

- 나도 〈이브의 모든 것〉과 〈별은 내 가슴에〉를 보기 전에는, 한국이란 나라가 지도 상에서 어디 있는지도 몰랐고, 전혀 관심도 없었다. 하지만, 지금은 내 조국 다음으로 사랑하는 나라가

바로 한국이다. 아울러서 멕시코에서 한류 붐을 조성하기 위해 노력하고, 한국 관련 문화행사에 항상 우리를 초대해 주는 한국대사관에 감사하다는 이야기를 전하고 싶다.

현재 멕시코에서 인기가 있는 한국 스타들은 누구인가?

■ 현재 안재욱 팬클럽과 활발하게 교류하고 있다. 얼마 전 가수 '강타'의 팬클럽도 결성 과정에 있다는 소식을 들었다.

장동건에게 전하고 싶은 말은?

■ (한국어로) 장동건 오빠! 사랑해요. 멕시코에도 오빠를 기다리는 팬들이 많이 있어요. 멕시코에 꼭 한번 놀러오세요!

(2004년 주멕시코 한국대사관을 방문한 당시 23세의 멕시코 국립 자치대학교 컴퓨터 공학과 학생 로시오 과달루페 살리나스 토르레스(Rocío Guadalupe Salinas Torres)와 가진 대화 내용을 인터뷰 형식으로 재구성했다.)

3. 멕시코 찰코 '소녀들의 집' 원장 수녀님의 연말카드

안녕하셨어요?

공보관님, 바쁘고 보람 있는 한 해였죠? 그 가운데서도 저희들 아껴 주시고 챙겨주셔서 감사드립니다. 보내주신 한국의 맛이 자랑스럽게 담긴 화보 달력도 잘 받았습니다.

일 잘하는 사람이 받는 상은 '더 많은 일'이라는 얘기를 들었습니다. 좋아서 하고, 그래서 더 마음과 정성을 쏟게 되는 일에는 늘 좋은 열매가 남는 걸 알고 있습니다.

새해에도 지지치 않고, 건강 해치지 않고, 기쁘고 슬기롭게 한국을 전하고 멋있는 한국의 모습, 한국인의 모습을 지금처럼 그렇게 보여주실 수 있도록 기도합니다.

행복하세요!

마리아 수녀회 찰코 분원에서,
2006.1.6.
정 말지 수녀 드림.

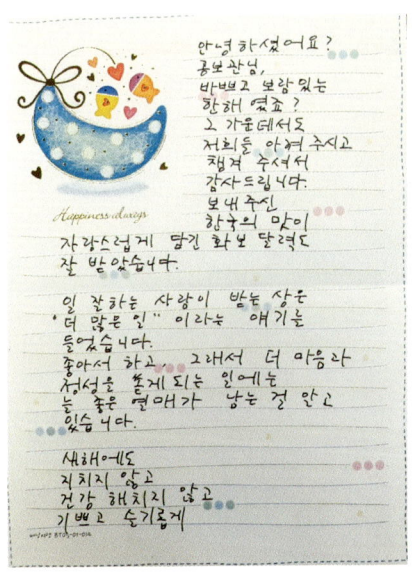

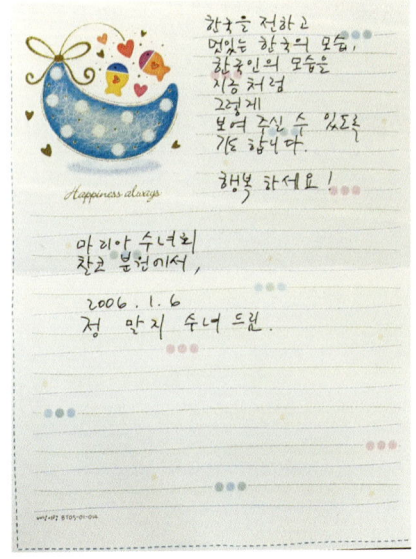

(출처: 동일 내용 손편지 원본, 2006)

4. 최초의 청와대 여성 춘추관장 저서에 기술된 내용

　나이지리아는 한반도의 4.2배, 인구 1억 4천만 명으로 아프리카 최대 인구 보유국이자 최대 산유국이다… 나이지리아 등 아프리카 지역 방문 시 황열병 등 풍토병을 예방하기 위해 접종을 해야 했다. 접종 후 지독한 독감과 몸살에 시달리는 기자들이 속출했다… 답사 때는 호텔 숙소에 일인용 모기장을 치고 잘 정도로 조심 또 조심했다… 나이지리아 대통령궁 뒷산은 까마귀로 뒤덮여 있고, 대통령궁 근처에는 코끼리 형상을 한 낮은 산이 있는데 소원을 빌면 다 이뤄진다는 전설의 산이라고 한다. 산을 바라보면서 '무조건 나이지리아 행사를 무탈하게 마칠 수 있게 해 달라'고 기도했다… 하는 일이 다르고, 처해진 조건은 달라도 대한민국을 걱정하고 발전시키기 위해 공무원의 역할이 얼마나 중요한 지에 대한 인식에서는 하나였다. 떠나기 전 서울에서 가지고 갔던 상비약, 차고 있던 노무현 대통령 시계, 읽던 책을 모두 다 주고 왔다…

　대통령 순방행사를 치르면 모든 것이 긴장되고 온통 신경 쓰이는 것들뿐이다. 나이지리아 역시 2004년 하반기 ASEAN+3 행사지인 '라오스' 다음으로 특수 지역에 해당하는 곳이다. 해외 공보관 중 최고 베테랑인 이종률 공보관을 선발로 파견해 행사를 준비토록 했다. 행정수도인 아부자와 경제도시인 라고스를 오가며 필요한 물품을 공수해야 했다. 아부자는 건설 중인 신도시고, 나이지리아에 진출해 있는 한국 기업 지사는 대부분 라고스에 있기 때문에 몇 배 더 고생했다. 기자단 대형 버스도 라고스에서 아부자로 이동하는 데 15시간이 걸렸다고 했다. 이 공보관 역시 그동안 여러 차례 대통령 순방행사를 맡아 왔지만 가장 힘들었던 곳이라 회고했다…

도착 후 행사 또한 순조롭지 않았다. 나이지리아 측이 노 대통령과의 정상회담 일정을 갑자기 변경하는 외교적 결례를 범했다. 또한 당일 나이지리아 대통령궁 앞에서 우리 측 수행기자단의 출입을 담당하는 현지 공보비서가 대통령궁 행사 대신 승진 시험장으로 가버려 기자단은 나이지리아 경호 요원들의 '엄격한' 출입 통제를 받아야 했다. 노무현 대통령의 방문을 하루 앞두고 내린 폭우로 나이지리아 국영 통신사가 낙뢰를 맞아 숙소를 비롯한 인근 지역의 모든 국제전화(유선)가 불통되는 일도 발생했고, 현지 업체 직원들이 일을 더디게 해도 "This is Nigeria"라는 말로 현지의 열악한 환경을 대신했다며 이종률 공보관은 이런 행사는 처음이라고 혀를 내둘렀다. 수행기자들을 위한 '위성 인터넷'도 속도가 크게 떨어지고 서비스가 중단되는 등 최악의 상황이 벌어졌지만, 다른 지역과 다르다는 사정을 몇 차례 공지했던 탓에 큰 불만 없이 넘어갔다. 불만이 적었던 더 큰 이유는 나이지리아 행사를 담당한 공보관에 대한 신뢰와 믿음 때문이었다. 항상 최선을 다해 공보지원 업무를 성실히 하는 이 공보관이었기에 기자들은 불편함도 감수했다…

나이지리아 순방행사를 준비하며 걱정한 것은 그야말로 기우에 그치고 성공적으로 마쳤다…

(출처: 『소동과 기록의 정치인 김현 25시 파란수첩』 중 166~169페이지, 2013, 김현, 삶과 지식)

5. 대통령 순방행사 지원요원으로 활동한 NYU 학생의 편지

호칭을 맞게 해 드렸는지 모르겠네요. 제가 직급 체계를 잘 몰라서요.^^

먼저 감사 메일을 드렸어야 했는데 한참이나 늦었습니다. 참사관님께서 해주신 칭찬, 감사드립니다. 집이 먼 다른 학생들에 비해 집이 가까워서 그냥 도와주러 나온 제 행동을 너무나 좋게 봐주셔서 몸 둘 바를 모르겠습니다…^^

저도 이틀 동안 정말 즐겁게 일했습니다. 직접 정부와 기자단의 일하는 모습을 접할 수 있는 기회라 제겐 더없이 좋은 기회였습니다. 졸업을 앞두고 미래에 대해 고민하던 저에게 많은 분들과 함께 일하고 이야기하고 이렇게 좋은 인연을 맺을 수 있어서 더욱 좋았습니다.

사실 한국에서 인턴으로 정부 기관에서 일하면서 저 또한 고정 관념을 가지게 되었거든요. 한국 공무원의 안일함과 거만함(?)에 실망을 느꼈던 저도, 이 참사관님을 통해 어느 정도의 편견이 없어졌습니다. 정말 열심히 이리 뛰고 저리 뛰고 하시면서, 열심히 하는 모습을 보면서 제가 가진 짧은 경험으로 얻은 편견에 부끄러움을 느꼈습니다.

제게 비친 이 참사관님은 참으로 따뜻한 마음을 가지신 분이라는 생각이 들었습니다. 어떤 돌발사태에도 대비해야 하기에 늘 긴장해야 하는 시간이기에 신경이 날카로와지셨을 수도 있는데, 그런 내색 하나 없으시고, 처음 저희를 맞이하실 때의 순박하고 구수한 사투리와 털털한 웃음을 끝나는 날까지 보여주셨기 때문이겠지요.

이 참사관님,

제게 해주신 격려 진심으로 감사드립니다. 안일해져 있고 조금은 제 능력에 자신감이 없던 제게 큰 힘을 불어넣어 주셨습니다. 그래서 한 번 도전해 보려고요. 이번 일하면서 알게 된 쥴리 씨께서 몇몇 분의 연락처를 주시면서 연락해 보라고 해서 두드려 보려고 합니다. '두드려라, 그러면 열릴 것이요.'라는 말도 있잖아요.^^

계속 연락드려도 되겠지요? 이 참사관님의 구수한 사투리는 제게 낯설지 않거든요.^^ 고향이 어디신지는 잘 모르겠지만, 저희 친가와 외가 쪽에서 들었던 사투리와 다르지 않아서요. (꼭 사촌 오빠 같아요..*^^* 삼촌은 연세가 많으셔서, 제겐 삼촌 하면 할아버지 같은 느낌이고, 사촌 오빠들은 저와 나이 차이가 좀 나서요. 참사관님은 제게 그런 느낌을 주시네요.)

멕시코에 한 번도 가보지 못했는데… 기회가 되면 꼭 한번 들러볼게요. 그리고 참사관님도 뉴욕 오실 일 있으시면 꼭 연락 주세요.

지난번 일했던 프레스 센터 '젊은 드림팀'이 다음 주에 모여서 뒤풀이를 한다고 하네요. 아마도 쥴리 씨와 윤정 씨가 젊은 사람들과 함께 할 수 있어 더없이 좋은 기회가 될 것 같네요. 사진 찍게 되면 보내드리겠습니다. 아마도 많은 친구들이 이 참사관님 많이 보고 싶어 할 것 같습니다.

언제든 이 참사관님께 도움 요청하더라도 귀찮아하지 않으실 거지요?

더운 나라에서 몸 건강하시고요. 연락드리겠습니다.

안녕히 계세요.

권소미 드림.

(출처: 동일 내용 이메일 원본, 2003)

뭐 했니? 멕시코 5년

- 이종률 · 옥정아 -

책을 닫으며

남기고 싶은 욕망이 짐승보다 강하게 꿈틀거렸던 거야.
　　　　　　　　　　　- 신달자의 시 「인피(人皮)」 중에서

멕시코시티의 프론도소 아파트에 살 때 오후 2시쯤 아파트의 수영장에 한 번씩 가곤 했다. 꽤 넓은 수영장에는 나 혼자였다. 작열하는 태양을 쳐다보며, 그 열기를 즐기며 온순하게 물에 드러누워 하늘을 멍하게 바라보았다. 물이 찰랑찰랑 내 피부에 감기는 느낌이 아직도 남아 있다.

멕시코는 선물이었고 은혜였다. 색색깔의 과일들이 소담스럽게 담겨진 과일 바구니 같은 나의 멕시코!
선물처럼 주어졌던 그리운, 착한 나의 친구들… 고마운 친구들…

『어린 왕자』에서 조종사가 어린 왕자와 헤어진 후 다시는 어린 왕자를 보지 못한 것처럼 나도 멕시코를 떠난 후 내 친구들을 보지 못했다. 멕시코 시절의 나는 변해버려 지금의 내가 그들에게 닿을 수 없는 걸까?

너무 슬프지만, 그들과 함께 한 그 5년의 세월이 아마도 지금까지의 나를 지탱하는 데 힘을 보탰던 것이 아닐까?

떠나고 나서야 알았다.

맥시코인들이 얼마나 좋은 친구들이었는지를…

2023년 9월
대한민국 세종시에서
옥정아

참고문헌

국내자료

- 체 게바라 평전 (2001. 2, 장 코르미에, 김미선 역, 실천문학)
- 종횡무진 서양사 (2001. 3, 남경태, 그린비)
- 라틴아메리카 영원한 위기의 정치경제 (2002. 9, 이성형, 역사비평사)
- 부에노스아이레스 남미의 파리 (2004. 6, 고부안, 살림)
- 스페인 문화의 이해 (2005. 2, 안영옥, 고려대학교출판부)
- 라틴아메리카의 역사 (2007. 3, 카를로스 푸엔테스, 서성철 역, 까치글방)
- 남미를 말하다 (2009. 6, 김영길, 프레시안북)
- 스페인 이미지와 기억 (2010. 10, 전기순, 지식을만드는지식)
- 라틴아메리카역사 다이제스트100 (2010. 11, 이강혁, 가람기획)
- 멕시코의 세 얼굴 (2011. 3, 옥타비오 파스, 황의승·조명원 역, 세창미디어)
- K·POP 세계를 홀리다 (2012.11, 김학선, 을유문화사)
- 한류: K-Pop에서 K-Culture로 (2012. 12, 위택환, 해외문화홍보원)
- 스페인 내전의 비극 (2013. 4, 이병주, 바이북스)
- 팬덤 문화 (2014. 4, 홍종윤, 커뮤니케이션북스)
- 스페인 역사 다이제스트 100 (2014. 10, 이강혁, 가람기획)
- 컬처이노베이터 (2015. 3, 유재혁, 클라우드나인)
- 대중음악의 이해 (2015. 3, 김창남, 도서출판 한울)
- 나를 찾아 떠난 스페인 (2015. 5, 최문정, 다차원북스)
- 베르나르다 알바의 집 (2015. 5, 안영옥, 지식을만드는지식)
- 스페인 내전 (2015. 5, 앤터니 비버, 김원중 역, 교양인)
- 미녀들의 초상화가 들려주는 욕망의 세계사 (2015. 6, 기무라 다이지,

황미숙 역, 올댓북스)
- 유럽의 첫 번째 태양, 스페인 (2015. 9, 서희석 / 호세 안토니오 팔마, 을유문화사)
- 대중음악 (2015. 9, 김혜정, 일송미디어)
- 일생에 한 번은 스페인을 만나라 (2016. 2, 최도성, 21세기북스)
- 스페인 문화순례 (2016. 3, 김창민 외, 서울대학교출판문화원)
- 한국대중예술사, 신파성으로 읽다 (2016. 4, 이영미, 도서출판 푸른역사)
- 스페인 미술관 산책 (2016. 8, 최경화, 시공사)
- 스페인 은의 세계사 (2016. 11, 카를로 M. 치폴라, 장문석 역, 미지북스)
- 한류 메이커스 (2017. 3, 김덕중 외, KOFICE)
- 사랑한다면 스페인 (2017. 6, 최미선 외, 북로그컴퍼니)
- 팝, 경제를 노래하다 (2017. 7, 임진모, 아트북스)
- 대중문화의 이해 (2017. 8, 김창남, 한울엠플러스)
- 스페인 예술로 걷다 (2017. 9, 강필, 지식서재)
- 돈키호테의 말 (2018. 3, 안영옥, 열린책들)
- 2017 한류 파급효과 연구 (2018. 5, 전종근 외, KOFICE)
- 처음 만나는 스페인 이야기 (2018. 7, 이강혁, 지식프레임)
- 왜 스페인은 끌리는가? (2018. 7, 안영옥, 도서출판리수)
- 신의 선물 사람의 땅, 중남미 (2018. 8, 추종연, HU:iNE)
- 두 개의 스페인 (2019. 1, 신정환 외, HUEBooks)
- 그레이엄 그린의 권력과 영광 (2019. 3, 김연수 옮김, 열린 책들)
- 세르히오 피톨의 사랑의 행진 (2007. 전기순 옮김, 박영률 출판)
- 장미의 이름은 장미 (2022. 1, 은희경, 문학동네)
- 멕시코 벽화운동의 정치적 의미: 리베라, 오로스코, 시케이로스의 비교분석 (2022. 여름, 이성형, 지역연구 11권 2호)
- 장하준의 경제학 레시피(2023. 3, 부키)

해외자료

- De los Apeninos a los Andes y otros cuentos (2006.5, Edmundo de Amicis, Cantaro)
- Evocacion mi vida al lado del Che (2008.4, Aleida March, Espasa)
- Basta de historias! (2010.9, Andres Oppenheimer, Random House Mondadori)
- PALI PALI (2012,11, Martin Caparros, Planeta)
- CREAR O MORIR! (2014.9, Andres Oppenheimer, Penguin Random House Grupo Editorial)
- La Familia del Prado (2018.10, Juan Eslava Galan, Planeta)
- Grandes Maestros 4, VELAZQUEZ (Fernando Marias, ARTE)
- Tomas Garrido, El enemigo mexicano de dios (Mexico desconocido)
- Guerra Cristera en Mexico: personajes, causas y consecuencias (Mexico desconocido)
- Abstact expressionism, weapon of the cold war (1974,6 , Eva Cockcroft, Artforum)
- Hollywood dejo huella en David Alfaro Siqueiros (2020,8, Sonia Avila, El sol de Mexico)
- Siqueiros and Surrealism (2009, Irene Herner, UNAM)
- Why did the CIA sponsor Jackson Pollock (2021, 12, Sam Kemp, Far Out)
- How Jackson Pollock and CIA teamed up to win the Cold war (2017, 10, Michael R. Mcbride)

뭐 했니? 멕시코 5년
한류 현장 이야기와 문화예술로 만나는 이베로아메리카 II

초판인쇄 2024년 01월 16일
초판발행 2024년 01월 23일
저　　자 이종률 · 옥정아
발 행 인 권호순
발 행 처 시간의물레
등　　록 2004년 6월 5일
주　　소 경기도 파주시 숲속노을로 150, 708-701
전　　화 031-945-3867
팩　　스 031-945-3868
전자우편 timeofr@naver.com
블 로 그 http://blog.naver.com/mulretime
홈페이지 http://www.mulretime.com
I S B N 978-89-6511-451-2 (03950)
정　　가 25,000원

* 이 책의 저작권은 저자에게 출판권은 시간의물레에 있습니다.
* 잘못된 책은 바꿔드립니다.